METODOLOGIA CIENTÍFICA

PARA TRABALHOS ACADÊMICOS E ARTIGOS CIENTÍFICOS

Luiz Nilton Corrêa

Para Alunos de Curso Superior
Plágio - Referências - Formatação
Pôster – Monografia - Dissertação - Tese
ABNT – ISO – NP 405 - APÁ – Vancouver – Chicago

Corrêa, Luiz Nilton

Metodologia Científica: Para trabalhos acadêmicos e artigos científicos / Luiz Nilton Corrêa

Florianópolis, SC: Do Autor, 2008

Bibliografia

ISBN 9781983311857 – Amazon.com

1. Ciência – Metodologia 2. Pesquisa - Metodologia I. Título.

Índice para catálogo sistemático:
1. Metodologia científica 501

METODOLOGIA CIENTÍFICA

PARA TRABALHOS ACADÊMICOS E ARTIGOS CIENTÍFICOS

Luiz Nilton Correa

Dentre todas as formas de conhecimento a ciência é a mais nobre. Humilde, reconhecendo seus erros aprimorando-se constantemente, consciente de que jamais estará completa. Imparcial, não se deixa levar por influências ou pressões, não se assoberba nem mesmo com a mais incrível das descobertas, pois reconhece que cada nova resposta surge infinidade novas perguntas. Não é dogmática, praticando um permanente exercício de auto contestação, dedica-se mais em descobrir seus próprios erros do que vangloriar-se dos seus acertos. E por fim, é incansavelmente modesta, retratando-se numa busca incansável de respostas, mesmo as mais difíceis, sem nunca desistir da verdade.

Luiz Nilton Corrêa

METODOLOGIA CIENTÍFICA

Um dos grandes desafios para alunos de licenciatura, mestrado e doutorado, sempre foi o entendimento do que é Metodologia Científica, com seus conceitos, regras e ideias. Seja na elaboração de um projeto de pesquisa, de um Trabalho de Final de Curso, conhecido muitas vezes apenas como "Monografia", ou mesmo numa Dissertação de Mestrado, Tese de Doutorado ou um artigo científico, a Metodologia Científica tem sido um desafio à parte.

Nos livros sobre esse tema, por exemplo, dificilmente encontramos informações mais práticas. Muitas vezes, os trabalhos são complexos, teóricos e direcionados a quem já possui algum conhecimento sobre assunto. Outras vezes, elaborados por instituições de ensino, apresentam apenas um esboço sobre como formatar trabalhos, misturando vários tipos de normas e estilos, por vezes, complicando ainda mais o trabalho do pesquisador.

Neste trabalho, porém, tento apresentar uma introdução sobre a Metodologia Científica, com conceitos básicos, dicas e informações sobre diferentes tipos de pensamento, além das regras mais usadas na formatação de trabalhos acadêmicos, com base na ABNT, mas sempre apontando outras normas e estilos vigentes no meio acadêmico. Além disso, apresento informações importantes sobre como evitar plágio, como iniciar uma pesquisa, quais os principais passos a dar e como não se perder ao longo de um trabalho acadêmico, tudo de maneira prática e de forma a ajudar tanto os iniciantes quanto aqueles já experientes no tema.

SUMÁRIO

CAPÍTULO 2 - PRÁTICA DA METODOLOGIA CIENTÍFICA

LISTA DE ILUSTRAÇÕES

APRESENTAÇÃO

Com uma escrita direta e pragmática, este pequeno livro pretende servir de guia para aqueles estudantes ou profissionais que buscam desenvolver trabalhos científicos, seja nos cursos universitários, especialização, mestrado, doutorados ou mesmo para a elaboração de artigos científicos para congressos e revistas.

Dividido em dois capítulos, começa por apresentar conceitos, teorias e informações sobre o que é ciência, tipos de conhecimento, tipos de pesquisa e diferenças entre método e metodologia, incluindo uma parte sobre diferentes normas de formatação de trabalhos científicos como a ABNT, ISO, APA, NP 405, Vancouver, Chicago, entre outros.

Em um segundo capítulo mais prático, estão as informações e os exemplos sobre elaboração de projetos, monografias, dissertações, teses e artigos científicos, com modelos de formatação nas normas da ABNT, ISO, APA, NP 405, Vancouver, Chicago, entre outros, incluindo orientações e exemplos de formatação bibliográfica e de referências nas diferentes normas, apresentadas de forma prática e direta.

CAPÍTULO 1 – A METODOLOGIA CIENTÍFICA

1 TIPOS DE CONHECIMENTO

Não existe apenas um único tipo de conhecimento. A forma como entendemos o ambiente e o mundo que nos rodeia, a nossa cosmovisão, pode ter variadas e diferentes lógicas de acordo com cada cultura e contexto. Assim como o próprio conhecimento também pode ter diferentes formas e estilos, todos válidos e fundamentais para os meios em que estão inseridos.

Nesse sentido, é importante entender que o melhor conhecimento será aquele que lhe dará melhores condições de vida na sociedade em que vive, seja um centro urbano, um meio acadêmico ou uma tribo isolada. É importante sempre lembrar que, quanto maior for o leque de conhecimentos adquiridos, maior será sua compreensão de mundo e maior o respeito para com a diversidade.

1.1 CONHECIMENTO POPULAR OU EMPÍRICO

É um conhecimento apoiado nas experiências pessoais de cada indivíduo, com base em observações sem rigor científico. Porém, não deixa de ser fundamental para uma interação harmoniosa no convívio social, uma vez que gera uma compreensão indispensável para a interação entre homem e ambiente.

É usado de forma imperceptível por todos e atua como um elemento que facilita a relação entre as pessoas e o ambiente em que elas estão inseridas. Exemplo: *O sol nasce todos os dias. (Quando, na verdade, ele não nasce, é a terra que gira...).*

1.2 CONHECIMENTO FILOSÓFICO

É um conhecimento que surge das reflexões a respeito do que nos rodeia. Tem um caráter imaterial, pois está contido no nível de ideias, sendo subjetivo, uma vez que passível de interpretações, apesar de buscar uma coerência com a realidade e com a lógica.

1.3 CONHECIMENTO RELIGIOSO

É um conhecimento baseado apenas na fé; é absoluto (dogmático), não permite questionamentos quanto à sua veracidade. Ultrapassa o filosófico, uma vez que não é fruto de raciocínio lógico nem reflexivo; exige que seja aceito independente de qualquer lógica contrária.

1.4 CONHECIMENTO CIENTÍFICO

É um conhecimento sistemático, adquirido através do exercício da ciência. Explica fatos e acontecimentos através de métodos lógicos e científicos, sendo comprovado com base em análise e testes que seguem métodos ordenados, passíveis de verificação.

1.5 CONHECIMENTO RACIONAL

É quando nos valemos da racionalidade para desenvolver e produzir conhecimento. Diferente do conhecimento empírico/popular, o conhecimento racional busca uma compreensão dos fatos e acontecimentos de forma isenta e imparcial.

1.6 CONHECIMENTO SISTÊMICO

É o conhecimento produzido com base na conexão e nas informações produzidas através dos vários tipos de ciências e conhecimentos, com resultados conectados como numa rede.

2 MÉTODO E METODOLOGIA

São dois termos que se confundem e, muitas vezes, podem até trocar de significado, dependendo do autor que os estuda. Mesmo assim, a maior parte das bibliografias fala apenas de método, sem mencionar o termo metodologia, por vezes, referindo-se apenas a Método de Abordagem e Método de Procedimento.

A palavra método tem origem no grego *Methodos* (*metá* = além de + *hodós* = caminho), ou seja, o caminho para atingir uma meta. Acrescenta-se aí o sufixo *logia* (*logos* = estudo) para termos Metodologia, que seria o estudo desse caminho.

Assim, e para fins de trabalhos acadêmicos, metodologia é o conjunto de formas e métodos utilizados para desenvolver uma determinada pesquisa, o estudo das técnicas e dos procedimentos utilizados para se chegar a uma determinada meta (conclusão do trabalho). Enquanto método seria cada um desses procedimentos e/ou técnicas do conjunto metodológico.

Exemplo: *A metodologia deste trabalho envolve o método indutivo, com análise qualitativa através de um estudo de caso.*

2.1 MÉTODO INDUTIVO

É quando o conhecimento surge através da intuição, das experiências sensitivas, cujo resultado é obtido através da observação sensitiva, das repetições de casos particulares.

2.2 MÉTODO DEDUTIVO

É uma forma, ou modalidade de pensamento lógico, que leva a uma afirmação inicial, baseada em relações lógicas. Porém, se por acaso, essas relações e premissas forem apenas hipóteses, o método se tornará **hipotético-dedutivo.**

2.3 MÉTODO DIALÉTICO

É o conhecimento produzido através do diálogo, ou seja, da contraposição de ideias sobre determinado fato ou acontecimento, sempre no sentido de responder e refutar respostas, ou afirmações, de fatos e acontecimentos, levando a novas ideias e respostas que também devem ser refutadas.

2.4 MÉTODO QUALITATIVO

É quando a técnica de pesquisa busca entender as dinâmicas de um ou poucos objetos de estudo, sem preocupações relacionadas a número e a quantidades, apenas com as características qualitativas do objeto de estudo.

Exemplo: *Pesquisa de qualidade no atendimento (através da observação).*

2.5 MÉTODO QUANTITATIVO

O foco está na quantidade e na busca de números como resultado do estudo. Normalmente, envolve porcentagens, cálculos e somatórias.

Exemplos: *Pesquisa de intenção de votos, pesquisa de satisfação no atendimento (com resultados traduzidos em números).*

2.6 ESTUDO DE CASO

Todo o estudo está centrado em um único caso, tendo em vista sempre a comparação com outros, mas com foco nesse mesmo caso.

Exemplo: *Estudo do tratamento de uma enfermidade em um paciente. Estudo sobre a carreira de um jogador de futebol.*

3 TIPOS DE PESQUISA

Uma pesquisa pode ser classificada quanto à sua finalidade (exploratória ou aplicada), abordagem (qualitativa ou quantitativa), quanto a seus objetivos (exploratória, descritiva, explicativa) e ainda, quanto aos procedimentos (bibliográfico, documental, etnográfico).

Assim, podemos dizer que uma pesquisa é exploratória; ao mesmo tempo, pode ser também qualitativa e bibliográfica. Ou ainda, que se trata de uma pesquisa aplicada, de abordagem quantitativa, com base em procedimentos bibliográficos, documentais e etnográficos. Porém, dificilmente terá mais de uma finalidade ou objetivo diferente.

3.1 PESQUISA EXPLORATÓRIA

É a pesquisa que busca um conhecimento inicial sobre determinado tema ou objeto de estudo. Normalmente, feita através de dicionários, enciclopédias, livros básicos, internet, sem necessidade de artigos longos e científicos. Busca uma familiarização com o tema, e acontece antes de um aprofundamento teórico sobre o tema a ser pesquisado.

Exemplo: *Saber o que são cetáceos para depois projetar e pesquisar com maior rigor e profundidade sobre algum tipo específico de cetáceo.*

3.2 PESQUISA APLICADA

É uma pesquisa que busca produzir conhecimento para uma aplicação prática da ciência, sobretudo na resolução de problemas cotidianos e/ou específicos.

3.3 PESQUISA ETNOGRÁFICA

É quando a técnica de pesquisa está assente na descrição etnográfica de determinado foco de estudo, seja ele uma aldeia, uma fábrica, um grupo de pessoas diferenciadas ou comportamentos em determinado espaço.

Exemplo: *Uma pesquisa etnográfica sobre a cultura dos índios de uma determinada tribo, ou dos colaboradores de uma determinada fábrica.*

3.4 PESQUISA PARTICIPANTE

É quando o pesquisador participa do evento que é foco do estudo. Pode estar associada à pesquisa etnográfica, ou a uma pesquisa qualitativa, ou a outros tipos de pesquisa. Porém, tem como característica principal a participação do pesquisador no objeto pesquisado.

Exemplo: *É quando, ao estudar cultura gaúcha, o pesquisador se insere no grupo, usando os mesmos trajes e comendo as mesmas comidas.*

3.5 PESQUISA–AÇÃO

Na pesquisa-ação, a pesquisa é realizada com interferência do pesquisador. Seja através de uma pesquisa participativa, quando o pesquisador induz soluções para um problema ou analisa os resultados de uma proposta do próprio pesquisador perante o objeto de estudo.

Exemplo: *Provocar determinada reação a um determinado grupo a fim de estudar as suas consequências.*

3.6 PESQUISA BIBLIOGRÁFICA, DOCUMENTAL

É quando todas as informações da pesquisa são encontradas ou retiradas de livros e documentos (cartas, jornais, relatórios etc.). Normalmente, é o primeiro passo para uma pesquisa, e pode ser associada a qualquer outro tipo de pesquisa, servindo tanto de base para o aprofundamento de determinados temas, quando concluir-se por si só, dependendo dos objetivos.

Exemplos: *Estudar a vida de artistas ou políticos apenas com base em livros (bibliográfica) ou cartas e documentos (documental).*

3.7 PESQUISA DESCRITIVA

É a pesquisa que busca descrever detalhadamente um objeto de estudo, seja ele uma ação, um experimento ou algo estático. Pode ser através de uma descrição etnográfica, de um estudo de caso em um trabalho de campo. Porém, é importante um conhecimento prévio do objeto de estudo e de sua contextualização, pois a descrição normalmente tem por base comparações que ajudam a definir o que é descrito.

Exemplo: *Pesquisa do IBGE sobre qualidade de vida. Pesquisa sobre o potencial econômico de uma região.*

3.8 PESQUISA EXPERIMENTAL

É a pesquisa que envolve experimentos, com observação dos resultados ou processos. Pode ser social, química, biológica, em laboratório ou em ambiente aberto. Exemplos: *Descobrir a reação das pessoas após experimentarem determinado alimento. Ou, analisar a eficácia de determinado repelente em ambientes fechados.*

3.9 PESQUISA DE CAMPO

É a pesquisa realizada fora do laboratório, no local onde se encontra o objeto de estudo, seja num campo aberto, mar, tribo indígena ou num *shopping center*. Exemplos: *Pesquisa etnográfica sobre comportamento de um determinado grupo humano. Pesquisa sobre comportamento de determinados animais na floresta.*

4 FATOS, TEORIAS E LEIS

4.1 FATO

Fato é um acontecimento real, verificável, comprovado cientificamente. Embora os fatos possam ser explicados com base em teorias (ambos se relacionam), eles não deixam de ser algo real e observável de forma objetiva. No entanto, podemos lembrar que, muitas vezes, teorias podem juntar evidências ao ponto de se transformarem em fatos, como as ideias relativas ao sistema solar de Nicolau Copérnico ou a teoria da evolução das espécies. Exemplo: *Movimento dos astros no sistema solar.*

4.2 TEORIA

A teoria é uma ideia (teórica) em relação a um acontecimento ou a um fato, de forma a explicar esse acontecimento ou fato com base em evidências (chegando ao ponto de prevê-lo). Seu valor será maior à medida que utilizar o maior número de evidências disponíveis e possíveis, sem deixar lacunas passíveis de interpretações contrárias. Isso devido ao fato de que, à medida que surgirem novas evidências relacionadas ao acontecimento ou fato em questão, as teorias podem simplesmente ser derrubadas, reafirmadas ou sobrepostas por outras teorias.

Exemplo: *Teoria do Big-Bang na formação do universo.*

4.3 LEIS

As leis são explicações científicas, testadas, de acontecimentos ou fatos que podem ser realizados e repetidos, obtendo sempre os mesmos resultados, desde que nas mesmas condições. Podemos citar as leis da física, por exemplo, embora, quando se trata de física quântica, as mesmas deixam de ter sua validade.

Exemplo: *A velocidade da luz no vácuo é sempre constante.*

5 NORMAS DE FORMATAÇÃO

Um dos desafios enfrentados pelos iniciantes em pesquisa científica é sempre relacionado às normas que devem adotar em seus respectivos trabalhos. Esse desafio pode ser facilitado quando a instituição de ensino ou pesquisa possui uma norma adotada oficialmente. Porém, há casos em que isso não acontece. Existem vários estilos ou normas que podem ser utilizados para a formatação desses trabalhos científicos.

Dentro do leque normativo, existe algumas normas mais voltadas a trabalhos relacionados a ciências humanas, outras à área médica, à jurídica ou mesmo normas específicas de algumas instituições de ensino.

Por isso, é sempre importante definir junto à instituição ou ao orientador, qual norma será adotada na elaboração de seu trabalho. O mais importante é que, uma vez adotada uma norma específica, todo o trabalho deverá utilizar a norma ou o estilo escolhido de forma padronizada.

Nome/Sigla	Instituição	País/Origem	Área de Aplicação
ABNT	Associação Brasileira de Normas Técnicas	Brasil	Estudos Técnicos (Global)
ISO	Organização Internacional de Padronização	Suíça	Estudos Técnicos (Global)
MP 405	Instituto Português de Qualidade	Portugal	Estudos Técnicos (Global)
APA	Associação Americana de Psicologia	EUA	Psicologia, Educação e Ciências Sociais
Vancouver	Comitê Internacional de Editores de Revistas Médicas	Canadá/EUA	Biomedicina, Ciências Exatas
Chicago	Universidade de Chicago	EUA	Literatura, Arte e História
Harvard	Universidade de Harvard	EUA	Economia, Ciências Sociais e da Natureza, Física
AAA	Associação Americana de Antropologia	EUA	Humanidades
APSA	Associação Americana de Ciência Política		Ciência Política
MLA	Associação de Línguas Modernas	EUA	Línguas, literatura e Humanidades
IEEE	Instituto de Engenheiros Eletricistas e Eletrônicos	EUA	Ciências Exatas (TI)
Turabian	Kate Turabian (Educadora)	EUA	Línguas e Humanidades
ACS	Sociedade Química Americana	EUA	Química

Figura 1. Quadro de Normas e Estilos.

5.1 NORMAS ABNT

As Normas da Associação Brasileira de Normas Técnicas (ABNT), fundada em 1940, não se limitam apenas às normatizações de trabalhos acadêmicos. A ABNT tem vindo a desenvolver um conjunto de normas para os mais variados temas, desde ralos para piscinas que evitam a sucção de crianças, até as metragens relativas a parapeitos de sacadas, de forma a evitar que crianças possam ultrapassar e cair, incluindo também equipamentos de segurança, área de alimentos, de embalagens, equipamentos eletrônicos, entre muitos outros.

Para o meio acadêmico, há uma série de normas emitidas pela ABNT que têm vindo a ser utilizadas, sobretudo em Universidades Federais por todo o Brasil. E por serem mais completas e abrangentes, indicando informações que não são contempladas em outros documentos normativos, como por exemplo, a norma ABNT NBR 14272 dedicada a Trabalhos Acadêmicos, ou a norma

ABNT NBR 15827, dedicada a Projeto de Pesquisa, entre outras.

5.2 ISO 690:2010

As normas da Organização Internacional de Estandardização (ISO) têm uma abrangência que vai de equipamentos de segurança a brinquedos infantis, passando por alimentos, ferramentas, sistemas de qualidade e proteção ao meio ambiente, entre outros.

Todas as normas produzidas pela ISO devem ser aprovadas pela maioria dos 160 organismos nacionais de normatização dos países membros antes de serem adotadas ou não por esses mesmos países.

Uma das poucas normas referentes aos trabalhos científicos na ISO é a ISO 690:2010, que apresenta normas direcionadas às Referências Bibliográficas e Citação. Porém, está em desenvolvimento a norma ISO/WD 690 cujo título é "Informação e documentação – Diretrizes para a redação de referências bibliográficas e citação de recursos de informação", sem data para ser lançada.

5.3 NP 405 (IPQ)

É uma norma emitida pelo Instituto Português de Qualidade (IPQ), e se aplica às citações e bibliografias, dividindo-se em 4 normas para tipos diferentes de documentos. NP 405 -1 para documentos impressos, NP 405-2 para documentos em outros tipos de materiais (som e imagem), NP 405-3 para documentos não publicados e NP 405-4 para documentos eletrônicos.

As informações da NP 405 orientam para uma boa referência e se dividem em três categorias: Essenciais, Recomendáveis e Facultativas, como poderemos ver no segundo capítulo.

5.4 ESTILO APA

Criadas em 1929, as normas da Associação Americana de Psicologia (APA), fundada em 1892, são direcionadas mais para artigos científicos, estilo de escrita, tabelas, quadros e um foco em citações e bibliografias; não contempla, de forma geral, a estrutura de Teses, Dissertação e Monografias, o que exige o uso de outras normas para ordenar a estrutura desses tipos de trabalhos acadêmicos, com seus itens pré-textuais, textuais e pós textuais.

5.5 ESTILO VANCOUVER

As normas do Comité Internacional de Editores de Revistas Médicas, conhecido como Estilo Vancouver, recebeu esse nome por terem sido criadas na reunião de fundação do comitê na Cidade de Vancouver, Canadá, em 1978. O objetivo inicial era o de servir como referência normativa aos trabalhos submetidos às revistas médicas. Publicado pela Biblioteca Nacional de Medicamentos dos Estados Unidos, baseia-se no Padrão do Instituto Nacional Americano de Estandardização – ANSI.

O estilo Vancouver tem vindo a ser adotado por algumas universidades brasileiras, sobretudo as instituições ligadas às áreas médicas; no entanto, tratam apenas das normas ligadas à citação e às referências bibliográficas, sem indicações para elaboração de trabalhos acadêmicos ou de conclusão de cursos como dissertações, teses e outros.

5.6 ESTILO CHICAGO

Publicado pela Universidade de Chicago desde 1906, o *Manual de Estilo Chicago* possui normas mais direcionadas para citações e bibliografias; também apresenta conselhos referentes à gramática e à forma de escrita em língua inglesa. O *Manual Estilo Chicago* passou a ser adotado em publicações de livros, transformando-se em um "manual" para a indústria editorial.

Na sua 17ª edição, publicada em 2017, dedica uma parte ao processo de edição (de livros, periódicos, entre outros); uma outra parte é dedicada ao estilo de linguagem, com ortografia, gramática, incluindo pontuação e diálogo cotidiano, e ainda uma terceira parte voltada para citações e referências bibliográficas, oferecendo vários formatos que podem, inclusive, mesclar-se num mesmo trabalho.

5.7 ESTILO HARVARD

Tem origem na Universidade de Harvard em 1881, e é direcionada a citações e referências bibliográficas, sendo utilizado em áreas como economia, física e ciências da natureza. Embora não exista um guia oficial do Estilo Harvard, é possível encontrar algumas publicações feitas por instituições acadêmicas importantes, que apresentam um leque variado em sua aplicação.

Sendo considerado, por vezes, semelhante ao estilo APA, alguns autores até se referem ao Estilo Harvard como um modelo do sistema Autor-Data, e não propriamente uma "norma", afirmando, inclusive, que alguns estilos adotam os modelos Harvard de citação.

5.8 OUTROS ESTILOS

O Estilo **AAA**, da Associação Americana de Antropologia utiliza por base o "método" Chicago e tem sido aplicado aos estudos relacionados a antropologia, recorrendo ao Estilo Chicago para fontes específicas não abordadas pela AAA.

O Estilo **APSA** da Associação Americana de Ciência Política foi desenvolvido para os estudos em ciências políticas, sendo apropriados para documentos governamentais dos Estados Unidos da América.

O Estilo **MLA**, desenvolvido pela Associação de Língua Moderna dos Estados Unidos, tem sido utilizado nos estudos linguísticos, abordando estilo de escrita, crítica literária, citação e bibliografia, formatação de texto, margens e posição de títulos, seguindo um sistema de citação diferente da maioria das outras normas, o sistema Autor-Página (número da página).

O **Estilo IEEE,** desenvolvido nos Estados Unidos da América pelo Instituto dos Engenheiros Eletricistas e Eletrônicos, é utilizado nas publicações técnicas nas áreas de tecnologia da informação, engenharia elétrica e eletrônica. Normalmente, busca no Estilo Chicago as formas necessárias em citações não abrangidas por ele. Também é conhecido por recorrer a "colchetes", em vez do uso de sublinhado.

O Estilo **Turabian** publicado pela primeira vez por Kate Turabian, em 1937, na Universidade de Chicago, é semelhante ao Estilo Chicago, sendo considerado uma simplificação do mesmo. Normalmente, é utilizado por pesquisadores iniciantes em áreas como literatura, história, arte e ciências sociais.

O **Estilo ACS** foi desenvolvido pela Sociedade Química Americana e tem sido utilizado em publicações e revistas na área de química, possuindo variações que podem ocorrer de acordo com a publicação. Como o MLA, utiliza um sistema autor–número da página, além do sistema numérico.

CAPÍTULO 2 - PRÁTICA DA METODOLOGIA CIENTÍFICA

1 TIPOS DE TRABALHO ACADÊMICO

1.1 PÔSTER

Utilizado por estudantes desde o Ensino Médio, os pôsteres acompanham os pesquisadores durante sua vida acadêmica e são uma espécie de "porta de entrada" para apresentações em congressos e outros eventos científicos.

No entanto, única norma de que faz referência a esse tipo de trabalho é a ABNT NBR 15437, que se dedica exclusivamente a indicar os princípios de apresentação de Pôsteres Técnicos e Científicos, definindo-o como um instrumento de apresentação que pode utilizar diferentes tipos de suportes e serve para apresentar, de forma sintetizada, um determinado conteúdo científico.

Segundo a norma, deve conter título, subtítulo (se houver), autor (logo abaixo do título), informações complementares (se houver), resumo (de até 100 palavras), conteúdo (quadros, textos, imagens), referências (opcional).

Em termos de dimensão, a ABNT recomenda de 90 cm a 120 cm de altura, e 60 cm a 90 cm de largura, e deverá ser visível a, pelo menos, um metro de distância.

1.2 MONOGRAFIA

O termo monografia faz referência a qualquer unidade escrita, seja ela tese, dissertação, romance ou carta. Porém, seu significado mais conhecido no meio acadêmico brasileiro remete ao Trabalho de Conclusão de Curso (TCC), normalmente exigido na conclusão de cursos superiores.

Assim, Monografia passa a definir também um trabalho científico sobre determinada área de conhecimento. É mais breve do que uma dissertação de mestrado, porém, mais extenso, profundo e científico do que os trabalhos solicitados nas disciplinas de cursos superiores.

Para organização e elaboração de monografias, pode ser utilizada a norma ABNT NBR 14724, dedicada especificamente a trabalhos acadêmicos, e que apresenta estruturas que podem ser seguidas em "monografias", dissertações e teses, como poderemos ver no capítulo seguinte.

Porém, é importante lembrar que, além da Monografia, alguns cursos podem exigir como TCC um relatório de estágio ou até algum trabalho mais prático.

1.3 DISSERTAÇÃO

A norma da ABNT, NBR 14724, apresenta um conceito de dissertação que encaixa perfeitamente com as exigências acadêmicas, embora, muitas vezes, as exigências da instituição de ensino ou do orientador possam destoar um pouco dessas normas. Nesse caso, deve optar sempre por seguir as indicações de seu orientador e as normas de sua instituição de ensino.

Assim, Dissertação é um documento/trabalho que deve resultar de um estudo científico retrospectivo, limitado a um único tema, e que reúne, analisa e interpreta informações sobre esse tema, demostrando o conhecimento em relação ao que existe escrito sobre o mesmo, refletindo a capacidade de organização sistemática do pesquisador.

Normalmente configura-se como requisito principal para a obtenção do grau de mestre, embora possa também ser exigido um trabalho prático como algum relatório ou organização de algum evento, exposição ou pesquisa prática. Porém, deve sempre ser orientado por alguém com grau de doutor.

1.4 TESE

De forma geral, pode ser qualquer ideia ou resposta não confirmada a um determinado problema. No entanto, no mundo acadêmico, o conceito apresenta um rigor maior e características próprias.

A norma da ABNT, NBR 14.724, que apresenta a definição de Dissertação, por exemplo, também faz referência ao conceito de Tese, com as características usualmente utilizadas no meio acadêmico.

Assim, Tese é um trabalho que deve ser executado e defendido com o objetivo de adquirir o título de doutor. Trata-se da abordagem de um único tema, seguindo uma determinada metodologia, com rigor científico e metodológico. De caráter monográfico (um volume escrito), deve acrescentar algo novo, uma ideia, uma descoberta ou um novo olhar aos estudos do tema escolhido e desenvolvido, sempre com o objetivo de contribuir para os estudos gerais sobre o tema.

1.5 ARTIGO CIENTÍFICO

É um texto científico, de menor dimensão do que uma monografia, e deve ser elaborado seguindo uma metodologia própria, onde se apresentam os resultados de uma determinada pesquisa científica, ou, no caso de um **Artigo de Revisão**, onde se analisa e discute informações já publicadas.

De acordo com a norma ABNT NBR 6022, dedicada exclusivamente a artigos científicos, nos mesmos devem ser apresentados os métodos, as técnicas, as ideias ou os resultados associados a processos de investigação e pesquisa científica. Ou ainda, refutar e apresentar novas respostas para questões já conhecidas, tudo com uma linguagem científica e conhecimento profundo do tema. Sua estrutura está definida na norma da ABNT, NBR 6022, e divide-se em elementos Pré-Textuais, Textuais e Pós-Textuais.

Exemplo:

Elementos Pré-textuais	Título no idioma do documento; Título em outro idioma (opcional); Nome(s) do(s) Autor(es); Resumo no idioma do texto; Resumo em outro idioma (opcional); Data de submissão e aprovação do artigo; Identificação e disponibilidade (opcional);
Elementos Textuais	Introdução; Desenvolvimento; Conclusão.
Elementos Pós-textuais	Referências; Glossário (opcional); Apêndice(s) (opcional); Anexo(s) (opcional); Agradecimentos (opcional).

Figura 2. Estrutura de Artigo Científico.

Para além dessa estrutura, a norma ABNT, NBR 6022, ainda define a forma como cada um desses itens deve ser apresentado, de maneira que, os **Elementos Pré-Textuais, Título e Subtítulo** (se houver) devem ser o primeiro item a aparecer no artigo, figurando na primeira página (página de abertura), separados por dois pontos ou com formatação tipográfica que diferencie título do subtítulo. Optando por acrescentar um título e subtítulo em idioma diferente do texto, este deve figurar logo abaixo do título e subtítulo apresentado no idioma do texto.

O **Nome do Autor** deve vir logo após ao(s) título(s). E quando houver mais de um autor, esses devem ser separados por vírgula, inserindo um currículo sucinto do(s) autor(es), de forma a mostrar que o(s) autor(s) possui ou possuem conhecimentos sobre a área ou o tema apresentado, e esses devem ser inseridos preferencialmente em nota de rodapé, com sistema próprio de identificação, diferente do sistema utilizado nas notas adotadas no artigo.

A seguir ao nome do(s) autor(es), deve ser inserido o **Resumo** do artigo, em forma de texto e na língua do texto. A sua extensão, de acordo com a norma da ABNT, NBR

6028, deve ter entre 100 e 250 palavras, seguido logo abaixo pelas **Palavras-Chave**, também na língua do texto, separadas por ponto e vírgula e finalizadas por ponto.

Se houver resumo em língua diferente da língua do texto, este deve figurar logo abaixo do resumo na língua do texto, seguido das Palavras-Chave, com mesma configuração das palavras-chave na língua do texto.

Os itens; errata, agradecimentos, listas de ilustrações e tabelas, lista de abreviaturas e siglas, lista de símbolos, resumos, sumário, referências, apêndice, glossário, anexo e índice devem ser centralizados e sem numeração progressiva, utilizando a mesma formatação da seção primária

Depois das palavras-chave, deve indicar a data de submissão e a data de aceitação do artigo para publicação, no formado dia, mês e ano, seguido de informações que indiquem o acesso ao artigo (DOI, link, suporte etc.).

Os **Elementos Textuais** vêm logo a seguir, com **Introdução** (delimitação do tema e objetivo da pesquisa, entre outros), **Desenvolvimento** (abordagem detalhada do assunto tratado) e a **Conclusão** (com as observações finais do artigo).

Os **Elementos Pós-Textuais** são compostos pelas Referências (de acordo com a norma NBR 6023 que veremos a seguir), Glossário (se houver), Apêndice (se houver), Anexo (se houver) e Agradecimentos (se houver).

Exemplo:

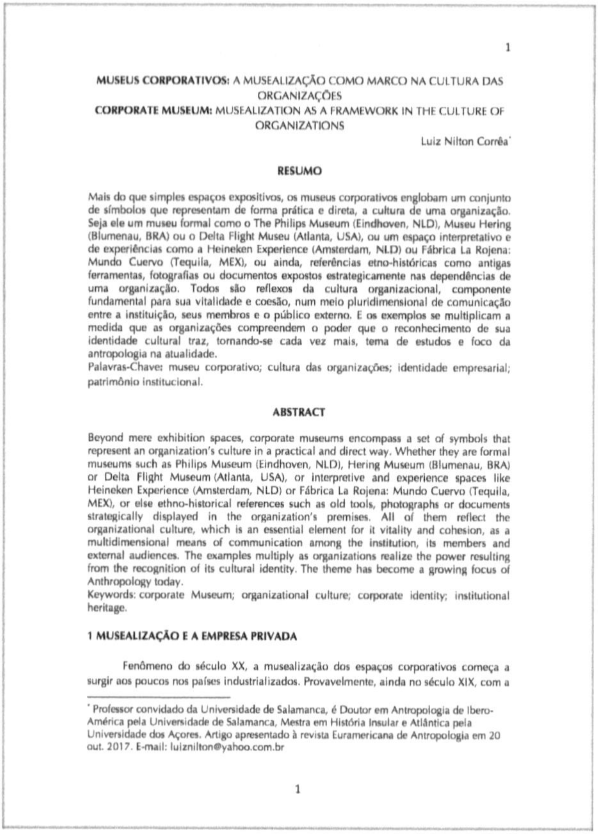

MUSEUS CORPORATIVOS: A MUSEALIZAÇÃO COMO MARCO NA CULTURA DAS
ORGANIZAÇÕES
CORPORATE MUSEUM: MUSEALIZATION AS A FRAMEWORK IN THE CULTURE OF
ORGANIZATIONS

Luiz Nilton Corrêa*

RESUMO

Mais do que simples espaços expositivos, os museus corporativos englobam um conjunto de símbolos que representam de forma prática e direta, a cultura de uma organização. Seja ele um museu formal como o The Philips Museum (Eindhoven, NLD), Museu Hering (Blumenau, BRA) ou o Delta Flight Museu (Atlanta, USA), ou um espaço interpretativo e de experiências como a Heineken Experience (Amsterdam, NLD) ou Fábrica La Rojena: Mundo Cuervo (Tequila, MEX), ou ainda, referências etno-históricas como antigas ferramentas, fotografias ou documentos expostos estrategicamente nas dependências de uma organização. Todos são reflexos da cultura organizacional, componente fundamental para sua vitalidade e coesão, num meio pluridimensional de comunicação entre a instituição, seus membros e o público externo. E os exemplos se multiplicam a medida que as organizações compreendem o poder que o reconhecimento de sua identidade cultural traz, tornando-se cada vez mais, tema de estudos e foco da antropologia na atualidade.
Palavras-Chave: museu corporativo; cultura das organizações; identidade empresarial; patrimônio institucional.

ABSTRACT

Beyond mere exhibition spaces, corporate museums encompass a set of symbols that represent an organization's culture in a practical and direct way. Whether they are formal museums such as Philips Museum (Eindhoven, NLD), Hering Museum (Blumenau, BRA) or Delta Flight Museum (Atlanta, USA), or interpretive and experience spaces like Heineken Experience (Amsterdam, NLD) or Fábrica La Rojena: Mundo Cuervo (Tequila, MEX), or else ethno-historical references such as old tools, photographs or documents strategically displayed in the organization's premises. All of them reflect the organizational culture, which is an essential element for it vitality and cohesion, as a multidimensional means of communication among the institution, its members and external audiences. The examples multiply as organizations realize the power resulting from the recognition of its cultural identity. The theme has become a growing focus of Anthropology today.
Keywords: corporate Museum; organizational culture; corporate identity; institutional heritage.

1 MUSEALIZAÇÃO E A EMPRESA PRIVADA

Fenômeno do século XX, a musealização dos espaços corporativos começa a surgir aos poucos nos países industrializados. Provavelmente, ainda no século XIX, com a

* Professor convidado da Universidade de Salamanca, é Doutor em Antropologia de Ibero-América pela Universidade de Salamanca, Mestra em História Insular e Atlântica pela Universidade dos Açores. Artigo apresentado à revista Euramericana de Antropologia em 20 out. 2017. E-mail: luiznilton@yahoo.com.br

1

Figura 3. Exemplo de Primeira Página de Artigo Científico.

Os títulos que ocupem mais de uma linha, devem alinhados abaixo da primeira letra da primeira palavra do título, a partir da segunda linha.

2 PLÁGIO: COMO EVITAR

2.1 LEIS E REGRAS

No Brasil o plágio é um crime previsto pela Lei 9.610, de fevereiro de 1998, que regula as questões de direitos autorais. Trata-se do roubo ou apropriação indevida de conteúdo intelectual de terceiros, como se fosse criado pelo autor do roubo. Passível de punição, é fácil de evitar com a simples referência do autor do conteúdo intelectual copiado, sem perda para o valor científico do trabalho em questão.

Algumas instituições incluem no leque do que pode ser considerado plágio, uma série de situações que envolvem o mundo acadêmico, como comprar trabalhos ou usar trabalhos feitos por outras pessoas como seu, reutilizar textos já apresentados mesmo que de sua autoria (sem citação) ou apresentar o mesmo trabalho em disciplinas diferentes (sem uma releitura ou reinterpretação). Informações normalmente associadas às punições, que vão da reprovação da disciplina, expulsão da instituição ou até a perda do título obtido com o trabalho contendo plágio.

Informações de conhecimento geral, como acontecimentos ou datas que estejam disponíveis em várias fontes, não necessitam de citação.

2.2 CONDIÇÕES E CONSEQUÊNCIAS

Diferente de outros crimes, no plágio, a prova do crime é o próprio ato que ficará registrado com o nome do executor. Assim, quem comete o crime de plágio, mesmo sem intenção, pratica-o na elaboração de uma obra que terá seu nome, que ficará registrado enquanto o documento existir, como qualquer artigo ou livro, talvez, por centenas de anos.

Por isso, independente da intenção ou não de cometer um crime de Plágio, o autor estará sujeito a que descubram seu crime, mesmo depois de dezenas de anos, ou até postumamente.

Na Alemanha, por exemplo, há uma plataforma on-line (www.vroniplag.de) especializada em detecção de plágio. Segundo os responsáveis, cerca de 30 médicos alemães já tiveram que renunciar a seus títulos por terem recorrido ao plágio em seus trabalhos acadêmicos. Além de políticos, como o caso da Ministra da Educação da Alemanha, Anette Schavan, que, em 2013, teve seu título de doutorado, defendido em 1980, retirado pela Universidade de Dusseldorf por conta de conteúdo plagiado na época de sua elaboração.

Além de poder responder por crimes de direito autoral e falsidade ideológica, o plagiador correrá o risco de perder o título conquistado com o trabalho contendo plágio. À medida que sua carreira tiver mais sucesso, maior será o interesse em seus trabalhos, e maior será a atenção dada à qualidade dos mesmos. Portanto, qualquer plágio cometido hoje, seja intencional ou não, poderá causar-lhe sérios problemas, seja a curto ou longo prazo.

2.3 COMO NÃO COMETER PLÁGIO

Evitar o plágio é muito fácil, basta utilizar referências em todos os trechos de seu trabalho que sejam copiados de outros trabalhos, sejam eles livros, artigos, *website* ou qualquer outro meio (seu ou de outro autor), de forma a fazer com que o leitor saiba perfeitamente qual parte do texto é de sua autoria, e qual a parte do texto é de autoria de outro autor. Ou mesmo, se o texto for seu, em publicações anteriores, nunca deixe de citar, mesmo que seja a si mesmo.

Essa regra serve também para ideias, mesmo que em seu trabalho elas estejam escritas com suas próprias palavras, é importante informar quem teve tal ideia, para que não haja confusão e evitar qualquer risco de ser acusado de roubar a ideia de outro autor, apresentando-a como sua.

No caso de ter dificuldade em definir o que deve ser referenciado, basta agir como se estivesse em uma "prova de consulta", onde você escreve tudo que lembrar e que for de seu conhecimento sobre o tema em causa e, depois, recorre à bibliografia e às fontes para complementar as informações, com trechos que devem ser referenciados.

Exemplo: *Eduardo Bueno, em seu livro* A Viagem do Descobrimento, *refere que a primeira troca entre indígenas e europeus foi de um gorro vermelho por um [...].*

3 ELABORAÇÃO DA PESQUISA

O primeiro passo para desenvolver uma pesquisa científica, seja para um Trabalho de Conclusão de Curso, uma Dissertação de Mestrado ou uma Tese de Doutorado, depois de escolhido o tema, é tentar imaginar o trabalho terminado, o objetivo final, com hipóteses, seus capítulos, o que cada um dos capítulos deve abordar, a quantidade de páginas e, principalmente, ter consciência do que lhe é exigido.

Não pense em escrever um trabalho para ter fama e prestígio, algo que se destaque no meio acadêmico e científico. Quando o que lhe é exigido é algo como uma monografia de final de curso, não tente fazer uma tese doutoral. Busque sim, fazer o melhor possível, dentro do nível que lhe é exigido. A não ser que tenha um talento específico já comprovado, tempo disponível e fundos suficientes para a pesquisa almejada, ou mesmo, um tema que lhe proporcione essa diferencialidade e, mesmo assim, não será um desafio simples de ultrapassar.

Deve sempre primar pela qualidade de seu trabalho, dentro do nível exigido, seja ele um TCC, uma Dissertação de mestrado ou uma Tese de doutorado. Sem plágios, com observação em relação às principais bibliografias disponíveis sobre o tema, isento de parcialidade e com rigor científico, lembrando sempre que a qualidade não está no tamanho, mas sim no conteúdo.

Uma vez que tenha conseguido imaginar seu trabalho concluído, com cada uma das partes e os temas de cada capítulo, é hora de criar um projeto que irá definir o caminho que deve seguir para colocar em prática sua imaginação, com um tema e sua delimitação, um objetivo claro, uma hipótese em relação ao seu tema e objetivo, um cronograma praticável e até um possível sumário, aquele que você conseguiu imaginar com títulos e subtítulos.

Porém, o mais importante de tudo é o tempo que você vai dedicar à elaboração do projeto de pesquisa. Esse tempo não será desperdiçado, pois um bom projeto é fundamental para o bom andamento da pesquisa. Ele evita contratempos, atrasos, desvios de tema e dinheiro com ansiolíticos nos momentos mais difíceis.

Exemplo: *Quando não programamos (projetamos) bem nossas férias, perdemos tempo com problemas simples que não havíamos previsto antecipadamente. Umas férias bem programadas (projetadas) são o primeiro passo para dias felizes.*

3.1 PROJETO DE PESQUISA

É o documento que projeta uma pesquisa; embora seja confundido muitas vezes com a própria pesquisa, ele é o plano que depois será colocado em prática durante a pesquisa.

De acordo com a ABNT, NBR 15287, um projeto é a descrição de um empreendimento a ser realizado, como o projeto de uma casa, que será colocado em prática na construção dessa mesma casa, e deve ser seguido rigorosamente. Um projeto bem elaborado é o primeiro passo para uma pesquisa direcionada, prática e sem contratempos.

Por vezes, pode parecer difícil encontrar tópicos próprios e adequados para a construção de um projeto no seu tema de pesquisa, por isso, uma dica interessante será pesquisar modelos de projetos de pesquisa variados, verificar seus respectivos itens e desenvolver em seu trabalho aqueles que achar que podem ser úteis para projetar sua pesquisa. A internet tem sido um instrumento muito prático para esse tipo de busca. Basta digitar em algum site de busca os termos "Projeto de Pesquisa" e logo encontrará alguns modelos; se acrescentar na busca a sigla "PDF", terá maior facilidade em encontrá-los.

3.2 A ESCOLHA DO TEMA

É a primeira parte de qualquer pesquisa, e deve dar preferência aos temas com os quais o pesquisador já esteja familiarizado, aqueles sobre o qual já possui algum conhecimento, pois isso facilita a elaboração do projeto e a delimitação do tema.

Evite projetos grandes e extensos; esses normalmente são executados por equipes de pesquisadores munidos de bolsas de pesquisas suficientes para sua elaboração. Lembre-se de que há uma relação entre extensão, superficialidade e tempo.

Quanto mais extenso for o tema, mais superficial será o trabalho, ao mesmo tempo que, quanto mais específico ele for, maior será a profundidade do trabalho elaborado.

3.3 JUSTIFICATIVA

Nos projetos de pesquisa é importante que conste a justificativa, local onde deve inserir as razões que o levaram a escolher o seu tema, quer sejam a familiaridade com o assunto, o gosto pessoal por ele, o interesse científico despertado por algum motivo especial, a continuidade de uma pesquisa realizada anteriormente, ou mesmo, as facilidades por se encontrar em uma região ou situação que favoreçam o referido tipo de pesquisa.

3.4 DELIMITAÇÃO DO TEMA

Uma vez escolhido o tema, poderá delimitá-lo quanto ao período pesquisado, ao espaço geográfico relacionado ao tema, ao número de amostras que pretende recolher, ao objeto de pesquisa, entre outros.

Como já dito anteriormente, quanto menos delimitado for seu tema, mais superficial será seu trabalho. Delimitá-lo ajudará você a focalizar seus estudos ao que interessa para o trabalho.

- Se for trabalhar em uma área geográfica, tente limitar o espaço ao mínimo possível para obter bons resultados, mais profundos e específicos.

- Se for um trabalho relacionado a um período de tempo, é importante definir exatamente esse período, e que seja um período específico, com uma data inicial e uma data final.

- Se o objeto de estudo for quantificável, seja em número de entrevistados para uma determinada pesquisa ou para um determinado trabalho, deve limitar esse número dentro do possível. Lembre-se de que essa será apenas uma parte do todo com que irá trabalhar.

- Tenha sempre em mente que essa é uma fase decisiva em relação ao tempo que terá que dedicar à pesquisa. Um tema bem delimitado, sem exageros, irá proporcionar qualidade ao seu trabalho, e sempre poderá aumentar sua amostra ou abrangência do tema nas pesquisas posteriores, seja através de uma dissertação de mestrado, tese de doutorado ou trabalhos científicos, depois de terminados os estudos acadêmicos.

3.5 DEFINIÇÃO DOS OBJETIVOS

Uma vez que o tema foi escolhido, definido e justificado, poderá partir para a definição dos objetivos, seja o Objetivo Geral (será sempre um), ou os Objetivos Específicos (que serão vários). E como o próprio nome se refere, esse é o objetivo pelo qual irá desenvolver sua pesquisa ou seu trabalho. O que você pretende com isso?

- No **Objetivo Geral** deverá imaginar e descrever o seu objetivo global, o "grande objetivo" de seu trabalho, a razão de realizá-lo.

- Nos **Objetivos Específicos**, deverá imaginar e descrever os vários passos que terá que dar para alcançar o objetivo geral. Esses serão os desdobramentos do objetivo geral. E cada vez que cumprir um dos objetivos específicos, estará mais próximo de cumprir o objetivo geral.

3.6 FORMULAÇÃO DO PROBLEMA DE PESQUISA

Diferente do objetivo, o problema de pesquisa é aquilo que você pretende resolver, descobrir ou explicar, e está conectado com as hipóteses, pois as hipóteses serão uma resposta prévia ao problema de pesquisa.

Normalmente, o problema se traduz em uma pergunta que será respondida através da pesquisa a ser realizada. No entanto, deve ser diferente do objetivo, pois, enquanto o objetivo estará ligado de forma global ao tema, o problema estará voltado ao esclarecimento de uma determinada questão.

Exemplo: *Enquanto o objetivo de um trabalho for, por exemplo, estudar ou esclarecer as influências de determinado comportamento sobre um determinado grupo humano, o problema incidirá em; quais seriam as influências desse comportamento no grupo estudado.*

3.7 FORMULAÇÃO DAS HIPÓTESES

É uma possível resposta para seu problema de pesquisa. Como o próprio nome diz, é uma hipótese sobre seus questionamentos em relação à pesquisa, e poderá ser comprovada ou refutada no decorrer da pesquisa. Por vezes, as hipóteses iniciais não são confirmadas com o desenvolvimento da pesquisa, chegando a outras respostas diferentes da hipótese inicial.

É importante lembrar que o fato de não confirmar as hipóteses iniciais não torna sua pesquisa menos válida ou menos importante. Por vezes, é justamente por encontrar respostas diferentes das hipóteses iniciais que a pesquisa adquire importância e maior validade no meio acadêmico e científico.

3.8 REFERENCIAL TEÓRICO

Também conhecido como Revisão Bibliográfica, é uma apresentação de informações já trabalhadas sobre o tema a ser pesquisado, com autores que já estudaram o tema, formas como foi abordado e os diferentes pontos de vista, de forma a servir de base para a pesquisa que será desenvolvida.

O referencial teórico exige um conhecimento prévio sobre o tema a ser desenvolvido, de forma que deve ser feito depois de alguma pesquisa exploratória, sempre com cuidado de referenciar cada citação, ideia ou informação extraída de outros autores.

3.9 ORÇAMENTO

O Orçamento é um item de extrema importância caso sua pesquisa contemple viagens, trabalho de campo, compra de algum tipo de material ou investimento em equipamento a ser utilizado (máquina fotográfica, filmadora, microscópio, impressoras, computadores etc.). E pode seguir o modelo tradicional de qualquer orçamento, com o nome dos itens, de um lado, seguidos de valor unitário, quantidade e valor total.

Exemplo:

ORÇAMENTO

ITENS	DESCRIÇÃO	QUANTIDADE	VALOR UNITÁRIO	VALOR TOTAL
Máquina Fotográfica SPX	Máquina apropriada para fotografar documentos de arquivo.	01	R$1.780,00	R$1.780,00
Impressora SPJY	Impressora específica para impressão em papel XPTO de documentos de arquivo.	01	R$950,00	R$950,00
Resma de papel XPJY	Papel especial para impressão de documentos antigos.	03	R$70,00	R$210,00
Passagem Aérea Rio – POA - RIO	Visitar arquivo público de Porto Alegre.	01	R$1550,00	R$1.550,00
Hospedagem Hotel	Hospedagem em Porto Alegre.	03	R$300,00	R$900,00
Refeição	Almoço/Jantar - Porto Alegre.	06	R$35,00	R$210,00
			Total	R$5.600,00

Figura 4. Exemplo de Orçamento.

3.10 CRONOGRAMA

Uma vez que já há um tema delimitado, objetivos, hipóteses e uma ideia geral de como será o trabalho/pesquisa, torna-se fundamental a elaboração de um cronograma de trabalho, real e objetivo, que contemple cada uma das fases de pesquisa e o tempo que deverá dedicar a cada uma delas.

O primeiro passo é definir quanto tempo terá para desenvolver sua pesquisa, desde o início até o momento da entrega final. Normalmente, seis meses no caso de um Trabalho de Conclusão de Curso (TCC), um ou dois anos no caso de Dissertação de Mestrado, ou dois, três ou mais anos no caso de Tese de Doutorado (dependendo dos recursos disponíveis).

Uma vez que tenha uma data inicial e uma data final, deverá imaginar todas as tarefas que irá executar durante sua pesquisa (pesquisa bibliográfica, pesquisa documental, entrevistas, questionários, viagens, participação em congressos, revisão, tempo de estágio, redação do texto etc.).

Em seguida, deverá ordená-las de acordo com o que deverá ser executado primeiro e o que deverá ser feito depois, ou em simultâneo, e definir o tempo necessário para que cada uma das tarefas seja executada, sempre tendo em mente a limitação do tempo que terá para executar todo o trabalho (data de início dos trabalhos e data de entrega final).

Ao final, tendo toda a estrutura organizada, deverá inseri-la em um gráfico que poderá ter qualquer aspecto que desejar, desde que seja de fácil compreensão. Os exemplos são muitos, basta uma rápida pesquisa na internet, utilizando o termo "cronograma de pesquisa" e selecionando "busca de imagem", você encontrará vários modelos para se inspirar. Deixo aqui um exemplo prático que pode servir de modelo.

Exemplo:

CRONOGRAMA DE PESQUISA

ATIVIDADES	Mês/Ano	Mês/Ano	Mês/Ano	Mês/Ano	Mês/Ano	Mês/Ano
Pesquisa Bibliográfica						
Aprofundamento Teórico						
Pesquisa Documental						
Aplicação de Questionário						
Trabalho de Campo						
Relatório de Atividades						
Análise dos Dados						
Revisão do Texto						
Redação Final						
Entrega do Texto Final						
Apresentação e Defesa						

Figura 5. Exemplo de Cronograma de Pesquisa.

3.11 LEVANTAMENTO BIBLIOGRÁFICO

Trata-se de uma pesquisa prévia que lhe dará nome de livros, artigos e autores que trabalham o tema a ser pesquisado. É importante ter consciência de que, antes de iniciar o trabalho, é imprescindível ter uma lista de obras que tratam do tema escolhido, que lhe dará fundamentação ao trabalho, seja ele um trabalho etnográfico, uma pesquisa de campo, um levantamento sobre determinada doença ou um experimento científico em laboratório.

Uma das formas interessantes para obter esse tipo de informações poderá ser através de algum trabalho já escrito sobre o tema; ao observar a bibliografia desse trabalho, poderá encontrar outras obras e autores que também tratam do tema. É bom sempre buscar as obras mais recentes desses autores, mesmo que não constem em nenhuma das bibliografias pesquisadas.

Outra questão importante é o que fazer quando não existe bibliografia específica sobre o tema a ser pesquisado. Nesse caso, deverá buscar bibliografias que complementariam o tema e que estejam de alguma forma ligadas a ele.

Exemplo: *Se o tema for "produtos orgânicos transgênicos", sobre o qual dificilmente encontrará bibliografia específica, poderá optar por pesquisar obras sobre "produtos orgânicos" e outras obras sobre "produtos transgênicos".*

Tenha em mente também que não será preciso ler obras completas sobre o tema em questão, basta analisar o sumário, ou mesmo o conteúdo de cada capítulo, ou, ainda, aquilo que lhe interessar para o tema em pesquisa. Assim, muitas vezes, um livro de quatro capítulos, terá apenas um deles focado no seu interesse e, por vezes, uma pequena parte de outro capítulo que valha a pena ler para um enquadramento teórico mais completo.

3.12 ANOTAÇÕES DE PESQUISA

Apesar de não constar no projeto, é um item fundamental para organizar as informações que for encontrando sobre seu tema, seja através de anotações a lápis em seu livro, ou através de um caderno de notas, dividido por capítulos, onde poderá anotar de forma organizada a obra e a página das informações em questão, junto de uma observação sobre a informação ou o conteúdo ali destacado.

É importante também, desde o início da pesquisa, seguir anotando trechos de obras que poderão ser utilizadas como citações em seu trabalho, sempre com as informações completas sobre o nome do livro, ano, autor e página de onde foram extraídos os exertos.

4 TRABALHOS ACADÊMICOS: ABNT

A Associação Brasileira de Normas Técnicas possui uma norma específica para trabalhos acadêmicos como dissertações, teses e outros. É a NBR 14724, que teve sua terceira edição publicada em abril de 2011, e apresenta normas para estrutura e formatação. Porém, não dispensa o uso das outras normas da própria ABNT em aspectos como resumo, referências, citação etc.

4.1 CONSIDERAÇÕES: NORMAS DA ABNT

As normas da ABNT, normalmente, não são vistas com bons olhos pelos estudantes de ensino técnico ou superior. No entanto, é preciso lembrar que, no meio acadêmico, são as mais abrangentes e completas que podemos encontrar, com orientações que vão do resumo a projeto de pesquisa, passando por numeração progressiva, elaboração de artigos, citações, referências bibliografias e até uma norma específica para trabalhos acadêmicos.

De forma geral, são as normas de estandardização que colocam "ordem na casa", pois, através delas, podemos ordenar os trabalhos acadêmicos de forma a serem facilmente interpretados. E mesmo as normas próprias, produzidas por instituições de ensino e aplicadas internamente, na grande maioria dos casos, têm por base as normas produzidas pela ABNT.

Observando de forma mais pragmática, iremos ver que as mesmas servem principalmente como um facilitador, uma vez que elas ajudam a compreender como devem ser formatados cada um dos itens constantes nos trabalhos científicos. Desde uma referência bibliográfica comum de um livro, até a forma correta de referenciar uma obra de arte ou de uma música, passando pelos conceitos mais básicos como o conceito de Autor ou Coautor, indispensáveis para o entendimento do que é considerado ou não plágio.

Para além disso, uma vez que adquirimos os conhecimentos básicos para a formatação dos trabalhos acadêmicos dentro das normas científicas, passamos a observar os trabalhos acadêmicos de outra forma, desenvolvendo até um certo "preconceito" em relação aos trabalhos que não estejam formatados de acordo com as normas.

A ideia é simples; se o autor não soube aplicar as normas básicas de formatação em seu trabalho, surge a dúvida: teria ele utilizado algum rigor científico na elaboração do mesmo?

No entanto, é bom lembrar que cada instituição tem autonomia para estabelecer suas próprias regras de formatação válidas para os trabalhos realizados em seus cursos e, em último caso, o próprio professor também teria essa autonomia. Antes de iniciar qualquer trabalho, é importante saber quais serão as regras exigidas na formatação de um trabalho conforme a instituição, a disciplina ou o professor.

E ainda, é importante nunca esquecer que só a ABNT é quem emite normas da ABNT; qualquer documento que tenha esse nome, se não estiver de acordo com as normas apresentadas e emitidas pela ABNT, não pode ser considerada como tal. Quaisquer outras normas serão válidas no âmbito da instituição que as produziu, seja uma universidade, um centro de pesquisa ou um instituto educacional.

4.2 ESTRUTURA DO TRABALHO ACADÊMICO ABNT

A estrutura de um trabalho acadêmico ou de um projeto de pesquisa está dividida em parte externa e parte interna, onde a parte externa é composta pela capa e lombada (quando houver). E a parte interna é composta pelos elementos Pré-Textuais, Textuais e Pós-Textuais.

De acordo com a norma da ABNT, NBR 14724, **capa** é a proteção externa do trabalho, na qual devem estar impressos as informações para identificá-lo. A parte externa deve ser composta pelo Nome da Instituição, Nome do Autor, Título, Subtítulo (se houver), Número do Volume (se houver), Local e Ano (da entrega), usualmente centrados na folha de capa e com tamanhos de letras variados, segundo a norma.
Exemplo:

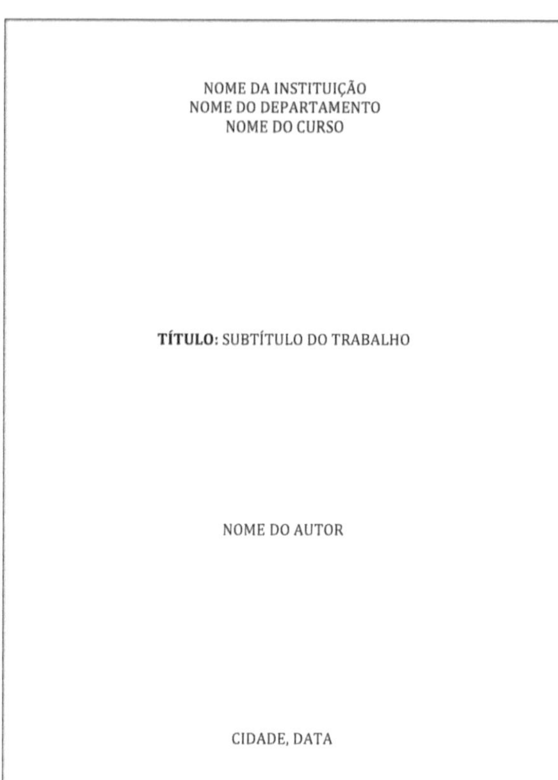

Figura 6. Exemplo de Capa de Trabalho Acadêmico.

Já os elementos que compõem a parte interna do trabalho (Pré-textuais, Textuais e Pós-textuais) têm a seguinte formação:

Elementos Pré-textuais: composto pela Folha de rosto, Lista de Ilustrações (se houver), Lista de Tabelas (se houver), Lista de Abreviaturas (se houver), Lista de Símbolos (se houver) e Sumário.

De acordo com a mesma norma da ABNT, NRB 14724, a **Folha de Rosto** deve conter os seguintes elementos nesta ordem: Nome do Autor, Título, Subtítulo (se houver), Número do volume (se houver), natureza do trabalho (dissertação, tese, trabalho de conclusão de curso etc.) e objetivo com nome da instituição, nome do orientador e coorientador (se houver), cidade e ano da entrega.

Exemplo:

Figura 7. Exemplo de Folha de Rosto de Trabalho Acadêmico.

Quanto ao **sumário**, de acordo com a norma da ABNT, a NBR 6017 apresenta as divisões, secções e partes de um trabalho na mesma ordem em que eles aparecem no conteúdo desse mesmo trabalho. É inserido como último elemento pré-textual, com o título centralizado na mesma formatação dos títulos primários, seguindo a ordem da numeração progressiva constante no texto.

Exemplo:

Figura 8. Exemplo de Sumário.

Elementos Textuais: basicamente são formados pelo texto do trabalho, o conteúdo, incluindo introdução, desenvolvimento e conclusão, no caso de trabalho acadêmico. Ou, no caso de projeto de pesquisa, os elementos textuais deverão constar de introdução, tema, delimitação do tema, problema, objetivos, hipóteses, justificativa, referencial teórico, cronograma, orçamento, ou qualquer outro item que possa considerar importante para seu tema.

Elementos Pós-Textuais: formados pelas referências, glossário (se houver), apêndice (se houver), anexo (se houver) e índice (se houver).

Exemplo:

Parte Externa		Capa (Obrigatório) Lombada (Se Houver)
Parte Interna	Elementos Pré-textuais	Folha de Rosto (Obrigatório) Errata (Se houver) Folha de Aprovação (Se houver) Dedicatória (Se houver) Agradecimento (Se houver) Epígrafe (Se houver) Resumo (Obrigatório) Resumo - língua estrangeira (obrigatório) Lista de Ilustrações (Se houver) Lista de Tabelas (Se houver) Lista de Abreviaturas e siglas (Se houver) Lista de simbolos (Se houver) Sumário (Obrigatório)
	Elementos Textuais	Introdução Desenvolvimento Conclusão
	Elementos Pós-textuais	Referências (Obrigatório) Glossário (Se houver) Apêndice (Se houver) Anexos (Se houver) Índice (Se houver)

Figura 9. Estrutura do Trabalho Acadêmico.

4.3 MARGENS E TEXTOS ABNT

No desenvolvimento dos trabalhos acadêmicos, devem ser utilizadas letras, tamanho 12, com espaçamento 1,5 entre linhas. As citações diretas devem ter mais de três linhas; as notas de rodapé devem ter um tamanho menor (fonte 11) e ser uniformes em todo o trabalho, além de espaçamento simples. Deve, ainda, utilizar textos em cor preta e em papel A4 (21 cm. X 19,7 cm.), com margem de 3 cm. no lado direito e superior, e 2 cm. no lado esquerdo e inferior.

Exemplo:

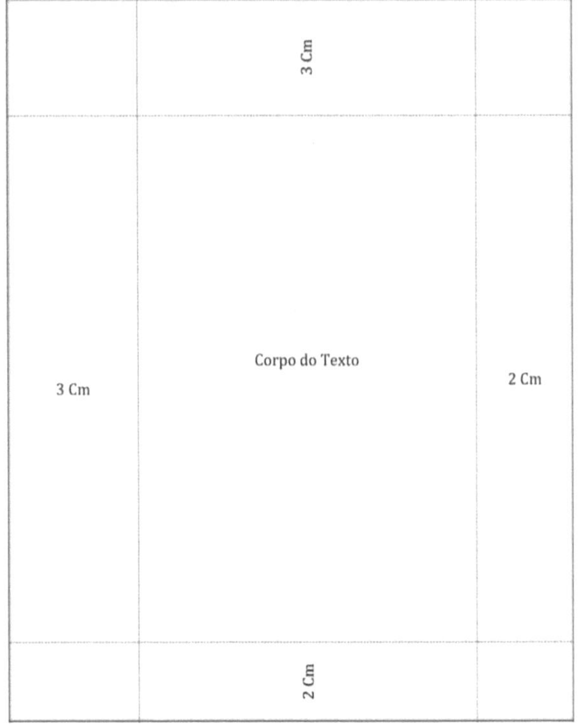

Figura 10. Exemplo de Margem do Texto.

Quanto ao tipo de letra, não há uma regra específica, mas recomenda-se que utilize os tipos de letras mais comuns no cotidiano, evitando assim quaisquer hipóteses de desconfigurações indesejadas, dependendo do computador onde o trabalho será visualizado, ou mesmo no momento da impressão. E busque utilizar o mesmo tipo de letra para todo o trabalho.

4.4 NÚMERO DE PÁGINA ABNT

De acordo com as normas da ABNT, NBR 14.724, a numeração de página, nos trabalhos que seguem essa norma, deve figurar no canto superior direito da página, a 2 cm. da borda superior e a 2 cm. da borda direita.

4.5 AUTOR E COAUTOR ABNT

O autor é o responsável pela criação do conteúdo intelectual de um documento, responsável tanto pela criação quanto pela redação desse documento, seja ele uma pessoa física ou uma instituição.

Já o Coautor é quem, juntamente com o autor, é responsável pela criação do conteúdo intelectual, pela criação e redação do documento. Não deve ser confundido com orientador, pois o coautor tem o mesmo papel do autor, uma vez que, quando há um coautor, não haverá um autor propriamente dito, todos serão coautores.

O artigo 15 da Lei Federal 9.610, de 19 de fevereiro de 1998, que trata das questões de direitos autorais, define coautoria da seguinte forma:

> Art. 15. A co-autoria da obra é atribuída àqueles em cujo nome, pseudônimo ou sinal convencional for utilizada. § 1º Não se considera coautor quem simplesmente auxiliou o autor na produção da obra literária, artística ou científica, revendo-a, atualizando-a, bem como fiscalizando ou dirigindo sua edição ou apresentação por qualquer meio.

4.6 TÍTULO E SUBTÍTULO ABNT

O título é o que identifica o conteúdo da obra ou texto; pode ser uma palavra, expressão ou frase, e pode ser considerado o "menor resumo" sobre o tema abordado e desenvolvido no texto. Com uma ou poucas palavras, deve dar ao leitor uma noção clara e objetiva do conteúdo do texto ao qual pertence. O título pode ser complementado com um subtítulo, tornando-o mais claro e direcionado ao conteúdo do documento. O subtítulo é inserido depois do título, separado por dois pontos (:).

Exemplo:

MARKETING DIGITAL: AS VANTAGENS DO MARKETING DIGITAL

4.7 NUMERAÇÃO PROGRESSIVA ABNT

De acordo com a norma ABNT, NBR 6024, Numeração Progressiva é a numeração que precede cada título e subtítulo em cada seção de um trabalho ou artigo, ajudando a dividir e a subdividir o trabalho em capítulos e em seções menores.

Cada seção é uma divisão da seção anterior, e seguirá a ordem que a precede, com os números separados por um ponto (.) e com um espaço vazio entre o último número e o título em questão, até a nova seção.

Assim, se um título recebe o número (1) o subtítulo desse título receberá o número (1.1), da seguinte forma; Seção primária (1), Seção secundária (1.1), Seção terciária (1.1.1), Seção quaternária (1.1.1.1), Seção quinária (1.1.1.1.1).

Exemplo:

1 **PROJETO DE PESQUISA**

1.1 DELIMITAÇÃO DO TEMA

1.2 OBJETIVOS

1.2.1 **Objetivo Geral**

1.2.2 **Objetivos Específicos**

Figura 11. Exemplo de Numeração Progressiva.

Alguns títulos não levam numeração progressiva e devem ser centralizados. São eles: sumário, referências, índice, errata, lista de ilustração, de abreviaturas e siglas, de símbolo, glossário, apêndice e anexos.

4.8 RESUMO ABNT

É uma apresentação sucinta do texto em questão, com foco nos seus principais pontos. E pode ser **Crítico** (resenha), quando se trata de uma análise crítica de uma obra; **Indicativo**, quando se limita a indicar os pontos principais do texto em questão e **Informativo**, quando apresenta, além dos prontos principais, também os métodos e resultados, por vezes, dispensando a necessidade de leitura do texto.

De acordo com a norma ABNT, NBR 6028, a extensão dos resumos deve ter:

de 150 a 500 palavras para **dissertações ou teses**;

de 100 a 250 palavras para **artigos científicos**;

de 50 a 100 palavras para **indicações breves.**

É preciso ter cuidado para não confundir resumo com introdução. A introdução vai introduzir (apresentar) o texto, enquanto o resumo resumirá o texto, reduzindo-o a poucas palavras. É o texto em tamanho pequeno.

4.9 PALAVRA-CHAVE

São palavras que exprimem e representam o conteúdo do texto em questão. Elas ajudam na indexação do artigo ou trabalho, além de servir de apoio a quem busca determinados temas, sendo que ajudam também a complementar as informações contidas no título e no subtítulo do trabalho.

Deve cuidar para não utilizar como palavras-chave termos muito abrangentes que possam facilmente se associar a todo tipo de documento. Busque sempre limitar a abrangência dos termos utilizados, mesmo que tenha que associar a outros termos, formando palavras-chave com dois ou mais termos.

Exemplo: *Ao utilizar um termo para um texto sobre violência doméstica, é mais adequado utilizar o termo composto* **"Violência Doméstica"** *do que apenas* **"Violência"** *que pode referir-se aos vários tipos de violências, como violência de gênero, violência urbana etc.*

Tente imaginar quais são os termos que você usaria para encontrar seu texto na internet através de um *site* de busca.

4.10 INTRODUÇÃO E CONCLUSÃO

Devem ser os últimos itens desenvolvidos durante a elaboração de um trabalho científico, pois se você já tem um trabalho desenvolvido, poderá desenvolver uma introdução e uma conclusão com maior clareza, até porque você já dominará o tema e o conteúdo do seu trabalho.

Fazer uma introdução no início da pesquisa será um desafio muito maior e complicado, e condicionará o desenvolvimento do trabalho ao que foi definido na introdução. Assim como a conclusão que, obviamente, será mais interessante se desenvolvida ao final do trabalho e em consonância com o desenvolvimento da introdução, principalmente por se tratar de um tema que você já estará dominando.

- Na introdução poderá começar por explicar o trabalho, com uma ideia geral dos objetivos e métodos. Apresente também cada um dos capítulos e fale de forma simples sobre a conclusão a que chegou, sem dar todas as informações.

- Na conclusão, tente estar em consonância com seus objetivos iniciais, recapitulando todo o trabalho e mostrando o que conseguiu concluir com sua pesquisa. Por vezes, a conclusão acaba por surgir como questionamentos sobre o tema pesquisado. Por isso, costumo utilizar a expressão Considerações Finais.

4.11 NOTA DE RODAPÉ

A nota de rodapé pode ser um recurso muito interessante nos trabalhos acadêmicos. Podemos utilizá-la já no início dos artigos científicos, por exemplo, para apresentar informações relativas ao autor, ou o contexto em que determinado assunto foi pesquisado, ou ainda, apresentar informações sobre o orientador da pesquisa ali apresentada.

Outros momentos em que podemos utilizar as notas de rodapé é quando surgirem informações que podem ser acrescentadas em um texto, e que, apesar de importante, poderiam torná-lo "maçante" ou dar um sentido de fuga do foco abordado no texto, como, por exemplo, o significado de termos menos comuns relativos ao objeto de estudo, uma observação sobre um acontecimento ou fenômeno que valha a pena mencionar, mas que destoará do enredo do texto naquele momento, ou alguma observação que se queira fazer.

Para adicionar essas informações em nota de rodapé em world, por exemplo, basta manter o cursor ao final da palavra da qual iremos inserir a referência, seja ela um termo menos conhecido relativo ao tema, o nome do autor ou uma palavra que faça lembrar a informação a ser inserida em nota de rodapé, ir em Inserir e optar por Nota de Rodapé.

Mas deve cuidar para não confundir nota de rodapé com rodapé. Enquanto a nota de rodapé aparecerá apenas nas páginas em que estará fazendo referência, o rodapé irá aparecer em todas as páginas do texto, assim como o cabeçalho.

5. TABELAS E QUADROS

O uso de figuras, tabelas, gráficos ou quadros em um trabalho acadêmico, dissertação, tese ou artigo científico deve sempre ter o objetivo de facilitar a leitura de informações mais complexas, sobretudo quando se trata de dados quantitativos, com números ou classificações.

No entanto, se não houver uma formatação padronizada desse tipo de informação ao longo do trabalho, podemos acabar complicando ainda mais a leitura dos dados, dificultando o entendimento dos mesmos. Assim, torna-se importante seguir uma determinada norma de formatação para fazer com que esses recursos realmente cumpram seus objetivos.

Para esse tipo de formatação, encontramos orientações apenas no Manual da APA e nas normas da ABNT. No entanto, enquanto a APA dedica o seu capítulo cinco todo para esse tipo de informação, com modelos de tabelas e figuras, a ABNT faz referência apenas em algumas de suas normas, dando orientações básicas e recomendando o uso das "Normas de Apresentação Tabular", do Instituto Brasileiro de Geografia e Estatísticas (IBGE) de 1993, o qual só faz referência ao uso das tabelas (dados numéricos), sem mencionar quadros (elementos textuais), ou outros tipos de estruturas.

Independente da norma a ser utilizada, é importante que uma tabela ou figura seja completa e facilmente entendida, ocupando de preferência uma única página. Deve limitar-se às informações pertinentes e indispensáveis, ser simples e direta, e inserida o mais próximo do texto ao qual se refere, utilizando fontes e letras iguais ao texto e com a mesma linguagem; caso seja muito extensa, deverá ser remetida aos anexos.

Uma vez que as normas não se referem a uso de cores nas tabelas e quadros, isso pode ser utilizado por opção do pesquisador, sempre lembrando que um trabalho acadêmico não deve apenas ser formal e sóbrio, ele também deve parecer formal e sóbrio.

5.1 TABELAS E QUADROS ABNT (IBGE)

Apenas 4 normas da ABNT fazem referência aos mecanismos de apresentação de dados como desenhos, esquemas, fluxogramas, fotografias, gráficos, mapas, organogramas, quadros, retratos, entre outros. São de maneira geral referências básicas, como localização de legenda e informações relativas às fontes, legando para as Normas de Apresentação Tabular do IBGE a missão de orientar a formatação de tabelas.

A NBR 6.022 e a NBR 6.029 indicam que a identificação desses mecanismos de informação deve ser inserida na parte inferior, precedida da designação (desenho, fluxograma, fotografia, gráfico, organograma, quadro, imagem etc.), com número da ocorrência, seguido do título e da fonte dos dados. As normas NBR 14.724 e NBR 15.287 orientam que essas informações devem ser inseridas na parte superior do mecanismo de informação. E mesmo o Manual do IBGE limita-se à formatação apenas de Tabelas, sem referenciar outros tipos de mecanismos de apresentação de informação.

Assim, de acordo com as Normas de Apresentação Tabular do IBGE, as tabelas devem ter as laterais abertas (sem linhas), com espaços verticais separados por colunas (linhas) e com as separações horizontais abertas (sem linhas), com exceção da separação do cabeçalho, onde deve ter uma linha de separação.

O título ficará na parte superior, centrado, com número indicativo separado do título por um travessão, enquanto a fonte e a legenda (se houver) deve ser inserida na parte inferior com letra menor usada no corpo do texto. Sempre divididas em topo (com título do quadro), centro (com o corpo da tabela dividido entre cabeçalho e indicadores), e rodapé, com as informações da fonte e explicações extras quando necessárias.

Exemplo:

Tabela 2- Número de Trabalhos Acadêmicos com Citações Nacionais/Internacionais.

Áreas	Citações Nacionais	Citações Internacionais
Humanas	2.398	540
Exatas	1.230	238
Biológicas	2.001	454
Linguagens	3.900	234
Artes	2.226	207
T.I	3.870	324

Fonte: Levantamento de citações XPTO.

Legenda: Áreas divididas de acordo com tabela ISBN.

Topo

Centro

Rodapé

Figura 12. Exemplo de Tabela Simples, IBGE.

No caso de tabelas que ocupam mais de uma página, ou que iniciam em uma página e terminam em outra, a mesma deve repetir a linha de cabeçalho da tabela em todas as páginas diferentes em que aparecer, com o termo (continua) entre parênteses na primeira parte da tabela, seguido do termo (continuação) entre parênteses em cada parte seguinte, e com o termo (conclusão) entre parênteses na última parte do quadro ou tabela.

Exemplo:

Tabela 2- Número de Trabalhos Acadêmicos com Citações Nacionais/Internacionais.

(Continuação)

Áreas	Citações Nacionais	Citações Internacionais
Humanas	2.398	540
Exatas	1.230	238
Biológicas	2.001	454

(Conclusão)

Áreas	Citações Nacionais	Citações Internacionais
Linguagens	3.900	234
Artes	2.226	207
T.I.	3.870	324

Fonte: Levantamento de citações XPTO.

Legenda: Áreas divididas de acordo com tabela ISBN.

Figura 13. Exemplo de Tabela em Duas Páginas, IBGE.

Quando a tabela tiver poucas colunas, elas podem ser apresentadas em duas ou mais partes na mesma folha (uma ao lado da outra), separadas por traço vertical duplo entre cada parte. Caso ultrapasse o limite da página, poderá também ser dividia em duas páginas, com o termo "continua", entre parênteses (continua), na primeira parte da tabela; seguido do termo "continuação" entre parênteses (continuação), em cada uma das partes seguintes; e com o termo "conclusão, entre parênteses (conclusão), na última parte da tabela.

Exemplo:

Tabela 1 – Taxa de votantes por alistamento no plebiscito de 2018

Estado	Votantes (%)	Estado	Votantes (%)
Rio Grande do Sul	99%	Mato Grosso do Sul	86%
Santa Catarina	99%	Mato Grosso	86%
Paraná	97%	Goiás	85%
São Paulo	96%	Tocantins	82%
Minas Gerais	89%	Pará	82%
Rio de Janeiro	88%	Bahia	81%
Belo Horizonte	87%	Pernambuco	81%

Fonte: Diretório Organizador do Plebiscito 2018
Nota: foram contabilizados apenas estados acima de 80%

Figura 14. Exemplo de Tabela Dupla na Mesma Página, IBGE.

As tabelas mais complexas devem seguir sempre as mesmas regras das tabelas mais simples, divididas em topo (com título do quadro), centro (com o corpo da tabela que é dividido entre cabeçalho, indicadores), e rodapé, com as informações da fonte e explicações extras quando necessárias.

Exemplo:

Tabela 2 - Número de registro no ano de nascidos vivos, com indicação dos nascidos no ano, por sexo e Grande Região do registro Brasil - 1987-1989

Grande Região de registro	Ano	Nascidos vivos registrados no ano			
		Total (1)	Nascidos no ano		
			Total	Sexo	
				Masculino	Feminino
Norte	1987	288.496	104.706	53.389	51.317
	1988	468.678	121.683	62.006	59.677
	1989	302.123	112.965	57.252	55.713
Nordeste	1987	1.500.058	681.288	246.248	335.040
	1988	2.023.058	738.017	374.660	363.357
	1989	1.132.531	599.608	305.636	393.972
Sudeste	1987	1.483.761	1.252.226	640.542	611.684
	1988	1.567.884	1.293.873	660.200	633.673
	1989	1.455.218	1.253.513	640.008	613.505
Sul	1987	527.081	445.655	227.804	217.851
	1988	568.199	467.856	239.470	228.386
	1988	509.311	446.285	227.972	218.313
Centro-Oeste	1987	271.925	177.011	90.492	86.519
	1988	348.104	188.228	95.959	92.269
	1989	237.718	168.664	86.291	82.373

Fonte: IBGE, Diretoria de Pesquisas, Departamento de População, pesquisa do Registro Civil.
Nota: Quadro extraído das Normas de Apresentação Tabular do IBGE.

Figura 15. Exemplo de Tabela Complexa, IBGE.

5.2 TABELAS E FIGURAS, APA

O Manual da APA possui um capítulo inteiro dedicado à formatação de tabelas e figuras, iniciando com princípios que servem para todos os tipos de figuras, como o valor da informação apresentada, que deve ser importante para o entendimento do texto, qual o tipo de elemento poderá apresentar melhor a informação (se um gráfico, quadro, tabela, ou outros). E sobretudo, o principal valor do elemento que deverá ser sempre a informação e o objetivo de enriquecer o entendimento do material apresentado, seja na versão impressa ou *on-line*, sempre com legendas detalhadas e títulos diretos e específicos.

Figura (APA)

Quanto à formatação, o Manual da APA orienta para que a figura em si não tenha título, mas indica que, na parte inferior da figura, deve ser inserida uma legenda, iniciando com o termo "Figura" seguido do número da figura e de ponto, e da explicação, incluindo se a imagem foi modificada ou não, tudo nos mesmos limites de margens da figura, uma vez que a legenda faz parte da figura.

Exemplo:

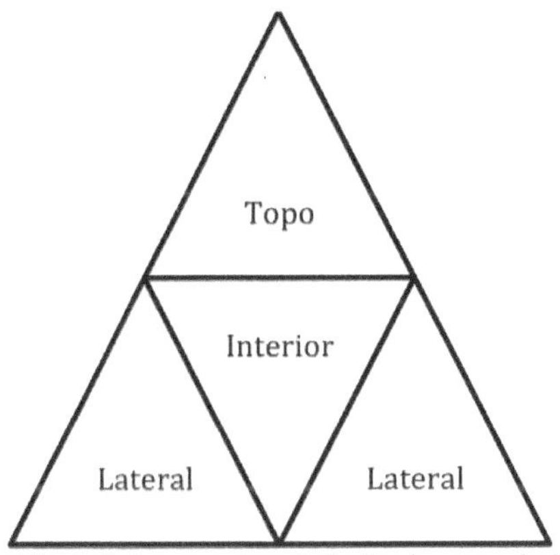

Figura 03. Pirâmide de lados e centros (criação de exemplos). Figura criada par ser utilizada meramente como exemplo de como formatar uma figura em um trabalho científico.

Figura 16. Exemplo de Figura APA.

O Manual da APA ainda apresenta um *checklist* em forma de perguntas, sobre o que ter em mente ao escolher, formatar e inserir uma figura num texto técnico e científico; são elas:

- A figura é realmente necessária?
- A figura é simples, clara e livre de detalhes estranhos?
- O título da figura é descritivo do conteúdo da figura?
- Todos os elementos da figura estão claramente identificados?

- Os elementos de mesmo "peso" são apresentados na mesma escala?
- Todas as figuras são numeradas consecutivamente com algarismos arábicos?
- Todos os números são mencionados no texto?
- Permissão por escrito para reutilização impressa e eletrônica foi obtida?
- Os créditos da figura são dados de forma adequada na legenda?
- Todas as modificações significativas nas imagens fotográficas foram divulgadas?
- As figuras são enviadas em formato de arquivo aceitável para o editor?
- Os arquivos foram produzidos em uma resolução suficientemente alta para permitir uma reprodução precisa?

Tabela (APA)

Assim como as figuras, as tabelas servem para facilitar o entendimento do leitor a respeito das informações apresentadas no texto, por isso, não deve ser explicada detalhadamente, uma vez que a mesma deve ser autoexplicativa e entendida por si só, sem necessidade de detalhamentos no texto, caso contrário, a tabela deixaria de ser necessária.

Sobre a formatação, deve apresentar o termo "Tabela" na primeira linha, seguido do número de ocorrência. Logo abaixo, deve apresentar o título da tabela em itálico, seguido do topo (onde vai o cabeçalho), corpo (com os dados a serem apresentados) e o rodapé, iniciado pelo termo "nota" em itálico, seguido de dois pontos e das informações pertinentes sobre a origem e detalhes das informações ali contidas.

É importante lembrar que a tabela, no Manual da APA, não deve conter linhas verticais, limitando o uso de linhas ao limite superior da tabela (abaixo do título), ao limite inferior da tabela (acima da nota) e a separação entre o topo e o centro da tabela (cabeçalho e os dados apresentados), como nos exemplos a seguir.

Exemplo 1:

Tabela 2
Venda de Imóveis por plataformas

Mês	Website	Facebook	Corretor		Loja	Jornais	
			1	2		5	6
Janeiro	13	7	29	27	14	7	5
Fevereiro	22	16	17	19	17	5	3
Março	27	9	24	22	22	9	8

Nota. A diferença entre loja e corretor está no fato de o corretor ser um autônomo independente, enquanto loja ocupa espaço físico e tem endereço fixo.

Figura 17. Exemplo de Tabela APA, Padrão 1.

Exemplo 2:

Tabela 2
Índice de erros cometidos em TCC por disciplinas na Faculdade XPTO

Cursos	Plágio	Fuga do Tema	Sem Rigor	Sem Fontes
Direito	14%	6%	12%	4%
História	17%	13%	8%	6%
Biológicas	9%	8%	16%	5%
Química	3%	8%	11%	12%
Geografia	8%	13%	13%	7%

Nota: Informações obtidas através do Centro de estatísticas da Faculdade XPTO

Figura 18. Exemplo de Tabela APA, Padrão 2.

Quando a tabela ultrapassa o limite da página, deve ser inserido o termo "continua" entre parênteses ao final da primeira parte, dando continuidade à tabela na parte seguinte, repetindo o cabeçalho da tabela e seguindo as regrar aplicáveis à tabela padrão, de acordo com o exemplo a seguir.

Exemplo:

Tabela 2
Número de Trabalhos Acadêmicos com Citações Nacionais/Internacionais.

Áreas	Citações Nacionais	Citações Internacionais
Humanas	2.398	540
Exatas	1.230	238
Biológicas	2.001	454

(Continua)

Áreas	Citações Nacionais	Citações Internacionais
Linguagens	3.900	234
Artes	2.226	207
T.I.	3.870	324

Nota: Levantamento de citações XPTO, áreas divididas de acordo com tabela ISBN.

Figura 19. Exemplo de Tabela APA, dividida.

O Manual da APA também apresenta um *checklist* específico para tabelas, com as seguintes perguntas:

- A tabela é necessária?
- Todas as tabelas são comparáveis e consistentes na apresentação?
- O título é breve, porém explicativo?
- Todas as colunas possuem um cabeçalho de coluna?
- Todas as abreviaturas são explicadas, assim como o uso especial de itálico, parênteses, traços, negrito e símbolos especiais?
- As notas seguem a ordem "nota geral, nota específica, nota de probabilidade"?
- Todas as linhas verticais foram eliminadas?
- As margens de erro são apontadas para todas as estimativas? E é a mesma usada em todas as tabelas e em todo o artigo?
- Toda parte da tabela que contenha direitos autorais dá crédito total ao proprietário dos direitos autorais nas notas?
- Há permissão para reutilização (em formato impresso e eletrônico) do detentor dos direitos autorais?

6 CITAÇÃO E REFERÊNCIAS

As **referências** em um texto científico, entre outras funções, servem para comprovar a origem das informações quando necessário, identificar autores e obras de determinados assuntos, demostrar que os principais autores sobre o tema foram efetivamente consultados e mostrar a veracidade das informações apresentadas, de forma que essas, quando bem apresentadas, darão maior relevância e qualidade ao trabalho desenvolvido.

Seja uma referência quanto à origem de determinada ideia ou informação, à origem de algum texto citado ou imagem utilizada. Todas as obras ou fontes referenciadas e citadas no corpo do texto devem aparecer na bibliografia (Referências Bibliográficas) no final do trabalho, com todas as informações exigidas pelas normas adotadas.

Informações de conhecimento, como acontecimentos ou datas que estejam disponíveis em várias fontes, não necessitam de citação.

6.1 SISTEMA DE REFERÊNCIA EM CITAÇÃO

Sistema Autor-Data – A citação é referenciada com o sobrenome do Autor e o ano da publicação. As Referências Bibliográficas serão organizadas em ordem alfabética da primeira letra do sobrenome do primeiro autor, ou nome da instituição (caso não tenha autor).

Sistema Numérico – A citação é referenciada com um número que será reutilizado toda vez que a citação reaparecer no texto. As Referências Bibliográficas estarão organizadas numericamente, de acordo com a ordem da primeira vez que cada autor/obra aparecer no texto.

Sistema Anotação – A citação será referenciada através de uma nota de rodapé, na base do texto. Poderá apresentar Referências Bibliográficas em ordem alfabética de primeira letra do sobrenome do autor ou nome da instituição (caso não tenha autor), ou numeração, de acordo com a numeração utilizada na referência da citação.

Nome/Sigla	Instituição	Sistema Citação
ABNT	Associação Brasileira de Normas Técnicas	Autor-Data/Anotação/Numérico
ISO	Organização Internacional de Padronização	Autor-Data/Anotação/Numérico
MP 405	Instituto Português de Qualidade	Autor-Data/Numérico
APA	Associação Americana de Psicologia	Autor-Data
Vancouver	Comitê Internacional de Editores de Revistas Médicas	Numérico
Chicago	Universidade de Chicago	Autor-Data/Anotação
Harvard	Universidade de Harvard	Autor-Data
AAA	Associação Americana de Antropologia	Numérico
APSA	Associação Americana de Ciência Política	Autor-Data
MLA	Associação de Línguas Modernas	Autor-Página
IEEE	Instituto de Engenheiros Eletricistas e Eletrônicos	Numérico
Turabian	Kate Turabian (Universidade de Chicago)	Autor-Data/Anotação
ACS	Sociedade Química Americana	Autor-Página /Numérico

Figura 20. Sistema de Citação e Referências.

6.2 CITAÇÃO, ABNT

Como foi possível perceber ao tratar das questões sobre plágio, é extremamente importante referenciar todos os textos, informações ou ideias criadas por outros autores que estejam inseridas em seu trabalho. Esses devem ser destacados de modo a informar ao leitor que aquele trecho/citação, informação ou ideia em questão foi extraído de outras obras e autores, seja ele uma citação direta, indireta ou apenas a reprodução de uma ideia.

A ABNT possui uma norma específica para esses tipos de citações, a NBR 10520. Uma norma com base na ISO 690, onde apresenta uma série de informações sobre como citar e referenciar as informações extraídas de outras fontes e autores, tanto para citação direta quanto indireta, utilizando os sistemas autor-data (no próprio texto), anotação (em nota de rodapé) ou sistema numérico (ao fim do capítulo ou do trabalho).

- **Citação Direta** é quando se utiliza um trecho da obra de outro autor, sem alteração do texto utilizado, e deve ser destacado com aspas (") nos trechos menores do que três linhas, ou com linha nova, recuo de 4 cm da margem esquerda, letra menor e sem aspas para textos maiores do que três linhas.

Quanto à referência, essa deve conter o sobrenome do autor, com iniciais maiúsculas (quando fora dos parênteses), ou todo em maiúsculo, (quando entre parênteses). Além do ano de publicação da obra em questão e o número da página, ou páginas de onde foram extraídos o texto, tudo entre parênteses.

Exemplo:

Este fato era visto ainda no que toca ao pagamento de joia, "[...] onde algumas instituições deixavam o valor em aberto, possibilitando diferenciação no pagamento destas."(COELHO, 1992, p.182). E talvez por uma busca de maior notoriedade, a maioria das filiações aconteciam em dias de festa, periodo em que a participação das confrarias poderia ter melhor visibilidade, e até proporcionar uma certa de mobilidade social dentro da sociedade de estado.

> A sociedade de estados não é uma sociedade de castas. Os equilíbrios estabelecidos podem evoluir. Esta (limitada) dinámica – a que chamaríamos "mobilidade social"- era imputável ou a um auto-movimento da natureza, fecunda pelo tempo, ou às obras dos agentes. (HESPANHA, 2007, p.132).

Segundo Hespanha (2007,p.135), "A diferenciação era, ainda, encontrada nas confraternizações realizadas com alimentos[...]", como por exemplo, o fato de os pobres receberem rações diárias nos dias de festas.

Figura 21. Exemplo de Citação Direta ABNT.

Nas citações diretas, ainda poderá recorrer alguns recursos em determinadas situações:
a) Utilizar três pontos entre colchetes [...] quando retirar algum trecho do interior da citação.
b) Quando inserir comentário ou acréscimo, deverá inseri-los entre colchetes [ ].
c) Ao destacar algum ponto do texto poderá utilizar grifo, **negrito** ou *itálico*, inserindo os termos "grifo nosso" ou "grifo do autor" (caso o grifo tenha origem na obra citada),

depois do número de página da referência da citação, dentro dos parênteses;

d) Ou ainda, no caso em que o texto tenha sido traduzido, deve utilizar o termo "tradução nossa" depois do número de página da referência da citação, dentro dos parênteses.

e) Para informações provenientes de trabalhos que ainda não foram publicados, deverá inserir o texto "em fase de elaboração" entre parênteses, acompanhado de uma nota de rodapé com os dados sobre a origem da informação.

- **Citação Indireta** é quando não copiamos diretamente um trecho da obra de outro autor, mas sim, uma ideia ou uma informação específica, ou ainda, quando parafraseamos, escrevemos com nossas palavras o texto do outro autor.

Nesse caso, não é preciso destacar o trecho escrito, mas informar a origem daquele pensamento ou ideia, seja mencionando o nome do autor com iniciais maiúsculas no decorrer do próprio texto, acompanhado do ano da publicação entre parênteses, ou apenas com o sobrenome em maiúsculo e data da publicação, tudo entre parênteses. Exemplo:

> Max Weber (2006), por outro lado, não vê no sagrado uma identidade específica, e não aplica à religião uma verdadeira autonomia de análise. Ele projeta a religião ao mundo concreto transformando seu papel ao olhar de uma base cultural racionalizada e aplicando à religião, padrões de prática social. Para ele a religião é um meio de respostas irracionais presente na sociedade humana (RODRIGUES, 2007, p.51). Enquanto Karl Marx e Friedrich Engels, por sua vez, dizem que a religião não passa de uma ilusão refletida pelas contradições sociais.

Figura 22. Exemplo de Citação Indireta ABNT.

- **Informação Verbal** - é a informação proveniente de palestras, aulas, conferências, falas em geral, e deve ser destacada com o enunciado "informação verbal" entre parênteses, acompanhado de uma nota de rodapé com os dados sobre a origem da informação (informante, evento, local, data etc.).

Quando houver autores com mesmo sobrenome, deve-se acrescentar as iniciais do nome, e quando essas forem semelhantes, permite-se inserir o nome por extenso.
Exemplo:

(CORRÊA, L., 2015)   (CORRÊA, Luiz, 2015)
(CORRÊA, M., 2018)   (CORRÊA, Laercio, 2017)

Nas citações que utilizam o sistema **Autor-Data**, quando houver mais de um trabalho do mesmo autor com o mesmo ano de publicação, devem ser acrescentadas letras na ordem alfabética, logo a seguir ao ano de publicação, sem espaço.
Exemplo:

(CORREA, 2018a)   Correa (2018a)
(CORREA, 2018b)   Correa (2018b)

E as citações indiretas de vários trabalhos do mesmo autor ou de autores diferentes, devem ser separados por vírgula no mesmo parênteses.
Exemplo:

(CORRÊA, 2015, 2016, 2018)
(CORRÊA, 2018; AGUIRRE, 2015)

A norma ABNT NBR 10520 ainda contempla a opção de referências no **sistema numérico**, onde cada referência recebe um número único e sequencial que será correspondido na bibliografia no final do capítulo ou do trabalho, informando a referência, seguindo a mesma ordem em que aparece no trabalho.

Observação: esse sistema não deve ser usado quando houver nota de rodapé no trabalho.

Exemplo:

Este fato era visto ainda no que toca ao pagamento de joia, "[...] onde algumas instituições deixavam o valor em aberto, possibilitando diferenciação no pagamento."[1].E talvez, por uma busca de maior notoriedade, a maioria das filiações aconteciam em dias de festa, período em que a participação das confrarias poderia ter melhor visibilidade, e até proporcionar uma certa de mobilidade social dentro da sociedade de estado.

> A sociedade de estados não é uma sociedade de castas. Os equilíbrios estabelecidos podem evoluir. Esta (limitada) dinâmica – a que chamaríamos "mobilidade social"- era imputável ou a um auto-movimento da natureza, fecunda pelo tempo, ou às obras dos agentes.[2]

REFERÊNCIAS BIBLIOGRÁFICAS

1 COELHO, António Manuel, **Confraria e Confrades.** Lisboa: Editorial, 1992. p.182.

2 HESPANHA, Armínio Mendes, **A mobilidade social na sociedade**. São Paulo: Editorial, 2007. p.132.

Figura 23. Exemplo de Sistema Numérico ABNT.

O **Sistema de Anotação**, também é abrangido pela ABNT NBR 10520; e com ele é possível fazer as referências de uma citação em nota de rodapé na própria página em que ela aparece. Basta inserir uma nota de rodapé ao final da citação, apresentando a fonte da citação na referida nota.

Exemplo:

proporcionar uma certa de mobilidade social dentro da sociedade de estado.

> A sociedade de estados não é uma sociedade de castas. Os equilíbrios estabelecidos podem evoluir. Esta (limitada) dinâmica – a que chamaríamos "mobilidade social"- era imputável ou a um auto-movimento da natureza, fecunda pelo tempo, ou às obras dos agentes.[1]

Segundo Hespanha[2], "A diferenciação era, ainda, encontrada nas confraternizações realizadas com alimentos[...]", como por exemplo, o fato de os pobres receberem rações diárias nos dias de festas.

1 HESPANHA, Armínio Mendes, **A mobilidade social na sociedade**. São Paulo: Editorial, 2007. p.132.
2 Idem, Ibidem, p.135.

Figura 24. Exemplo de Sistema de Anotação ABNT.

Para esse sistema pode-se utilizar ainda algumas expressões e abreviaturas quando da repetição de elementos de uma referência numa mesma página.

Situação	Expressão/Abreviatura
Mesmo autor;	idem / id.
Mesma obra;	ibidem / ibid.
Obra citada;	opus citatum / op. cit.
Aqui e ali / Diversas passagens;	passim
Loco citato / Lugar citado;	Loc. Cit.
Confira / Confronte;	Cf.
Sequentia / Seguinte;	et seq.
Citado por / Conforme;	Apud

Figura 25. Quadro de Expressões e Abreviaturas, ABNT.

6.3 REFERÊNCIAS BIBLIOGRÁFICAS, ABNT

A norma que a Associação Brasileira de Normas Técnicas apresenta para referências bibliográficas é a NBR 6023, atualizada em 2018 e com uma versão de 2020 corrigida. Essa norma teve por base a norma ISO 690, sendo semelhante a mesma em alguns aspectos, sobretudo na formatação dos textos dentro da referência, seguindo a ordem dos elementos e os três estilos de citação já expostos.

Assim, de acordo com a ABNT 6023, as referências bibliográficas, ou apenas Referências, devem ser apresentadas no final dos capítulos ou do trabalho, em ordem alfabética do sobrenome do autor (primeira letra que aparece na referência), no caso do uso do sistema citação **Autor-Data** ou de **Anotação,** ou ainda organizadas na ordem em que aparecem no texto, no caso de **sistema numérico** de citação, onde as mesmas devem ser numeradas de acordo com a numeração inserida em cada citação ao longo do texto (esse sistema não pode ser usado em textos com notas de rodapé ou explicativas).

O título "Referências" deve estar todo em maiúsculo e centralizado, enquanto que, as referências devem estar em espaço simples, separadas entre si também por um espaço simples, e ainda, alinhada à margem esquerda e de forma padronizada em todo o documento, possibilitando o uso de algumas abreviaturas, que seguem a norma NBR 10522.

Termo	Abreviatura
Coordenador(es)	Coord. ou Coords
Organizador (es)	Org. ou Orgs.
Editor	Ed.
Sem data	s.d.
Volume(s)	Vol. ou Vols.
Número	nº.
Página ou Páginas	p.
Sem local	S.l.
Ilustração	il.

Figura 26. Quadro de Abreviaturas Referências ABNT.

Diferentes tipos de referências, ABNT

Um modelo de referência básica na norma ABNT NBR 6023 deve iniciar pelo sobrenome do autor, todo em letra maiúscula, seguido de vírgula e dos nomes completos com iniciais em maiúscula ou apenas as iniciais de cada nome (conforme consta na obra a ser referenciada), seguido do título e subtítulo (se houver) destacado em grifo, negritos ou itálico (uniforme em todo o documento), salvo quando não houver autor, que deve ir com a primeira palavra em letra maiúscula no início da referência, usando apenas a primeira letra do título em maiúscula, ou as iniciais de nomes próprios em maiúsculo. Depois deve inserir ainda o local de edição seguido de dois pontos e o nome da editora, finalizando com o ano da edição.

Exemplo:

ESPINA BARRIO, Angel-B. **Manual de antropologia cultural**. Recife: Editora Massangana, 2005.

ESPINA BARRIO, Angel-B. *Manual de antropologia cultural*. Recife: Editora Massangana, 2005.

ESPINA BARRIO, Angel-B. <u>Manual de antropologia cultural</u>. Recife: Editora Massangana, 2005.

No caso de títulos muito longos, o mesmo pode ainda ser abreviado/encurtado, sempre inserindo três pontos ao final, entre colchetes [...].

Exemplo:

CORRÊA, Luiz Nilton. **Os Dilemas da Pesquisa Etnográfica em Situações de Risco [...].** Salamanca: Antropo Edições, 2019.

Número de edição, ABNT

O número de edição deve ser inserido logo após o título, ou subtítulo (se houver), acompanhado da abreviatura – ed. – seguido do local e data da edição.

Exemplo:

ESPINA BARRIO, Angel-B. **Manual de antropologia cultural**. 3 ed. Recife: Editora Massangana, 2005.

Informações extras (ISBN, CD-Rom, outros), ABNT

Poderá inserir ainda informações extras além dos elementos solicitados na bibliografia básica. Esses devem ser inseridos logo após a data de edição, seja o número de ISBN, o tipo de documento ou outra informação que possa ser considerada importante. Porém, deve lembrar que uma vez inserido uma informação extra, a mesma deve fazer parte de todas as referências do documento.

Exemplo:

ESPINA BARRIO, Angel-B. **Manual de antropologia cultural**. Recife: Editora Massangana, 2005. 382p., 21 cm. Bibliografia: p. 269-365. ISBN 85-7019-431.5.

MOTA, A.; ESPINA BARRIO, A.; LIMA, M. H. (Org.). **Inovação cultural, patrimônio e educação.** Recife: Editora Massangana, 2009. 1 CD-Rom.

Obra com dois ou três autores, ABNT

Quando uma obra tiver dois ou três autores, deverá separar o nome dos autores por ponto e vírgula, seguido do título da obra e demais elementos, conforme referência básica.

Exemplo:
GAUER, M.; POZENATO, K. **Introdução à história da arte**. 3 ed. Porto Alegre: Mercado Aberto, 1998.

Obra com mais de três autores, ABNT

Para obras com mais de três autores, não é necessário introduzir o nome de todos os autores, devendo inserir a expressão "*et al.*", em itálico, depois do primeiro autor, seguido do título da obra.

Exemplo:
RODRIGUES, José Damião. *et al.* **O Arquipélago dos Açores como região de fronteira**. Ponta Delgada: Editora, 2006.

Obra com organizador, coordenador ou editor, ABNT

Pra obras com vários autores, e que conste o nome de um organizador, coordenador ou editor, o mesmo deve figurar como autor, inserindo ao final as abreviaturas, entre parênteses, da função desempenhada, seja ele organizador (org.), coordenador (coord.) ou editor (ed.), seguido do título, conforme a ordem apresentada para referência básica.

Exemplo:
RODRIGUES, Donizete (Org.). **Diálogos Raianos**: Ensaio sobre a Beira Interior. Lisboa: Edições Colibri, 1999.

Obra cujo autor é uma entidade, ABNT

Quando o autor da obra for uma instituição, organização, um órgão público etc., o mesmo deve ser inserido como autor da obra, todo em letra maiúscula, finalizando por ponto e seguido do título da obra e dos outros elementos apresentados para referência básica.

Exemplo:
ASSOCIAÇÃO BRASILEIRA DE NORMA TÉCINAS. **NBR 6023:** Informação e documento – referência: elaboração. Rio de Janeiro, 2002.

Autor desconhecido, ABNT

No caso de obra cujo autor é desconhecido ou não é mencionado, nem como instituição, nem como pessoa física, deverá iniciar a referência pelo título da obra, utilizando a primeira palavra do título em letra maiúscula, seguido do restante do título, apenas com as iniciais de nomes próprios em maiúscula, sem negrito, grifo ou itálico.

Exemplo:
ARQUIVO dos Açores, edição fac-similada da edição original. Ponta Delgada: Universidade dos Açores, 1990.

Obra traduzida, ABNT

Caso seja importante inserir o nome do tradutor para obras traduzidas, essa informação deverá constar logo após o título, ou o subtítulo (se houver), seguido de ponto, e antes do local de publicação.

Exemplo:
ESPINA BARRIO, Angel. Baldomero. **Freud e Lévi-Straus:** Influências, contribuições e insuficiências das antropologias dinâmicas e cultural. Tradução de Luiz Nilton Corrêa. Recife: Editora Massangana, 2008.

Obra Disponível On-Line ou em PDF, ABNT

Para obras disponíveis on-line, deverá inserir o endereço eletrônico ao final da referência, após o ano de edição, com o termo "Disponível em:" seguido do endereço eletrônico finalizado por ponto, acompanhado do termo "Acesso em:" com a informação do dia, mês (abreviado) e ano da consulta.

Exemplo
MOTA, António; ESPINA BARRIO, Angel Baldomero; GOMES, Mario Hélio. (Org.). **Inovação cultural**: patrimônio e educação. Recife: Editora Massangana, 2009. Disponível em: http://campus.usale%0comple.pdf. Acesso em: 25 jun. 2018.

Trabalhos Acadêmicos (TCC, Dissertações, Teses etc.), ABNT

Trabalhos acadêmicos como Trabalho de Conclusão de Cursos, Dissertações e Teses devem seguir a seguinte ordem; Autor, título, subtítulo (se houver), ano de depósito, tipo de trabalho (TCC, Dissertação, Tese etc.), grau (Graduação, mestrado, doutorado etc.) e o curso entre parenteses. Também deve inserir o vínculo acadêmico, local e dada da apresentação/defesa e elementos complementares (quando couber).

Exemplo:
CORREA, Luiz Nilton. **Emigração de Micaelenses para República Dominicana em 1940.** Orientador: Carlos Cordeiro. 2006. 215 f. Dissertação (Mestrado em História Insular e Atlântica, Séculos XV a XX) – Universidade dos Açores, Portugal. 2006.

Capítulos de livros, enciclopédias ou parte de outra obra, ABNT

Para referência de obras inseridas dentro de outras obras, seja um capítulo de livro, verbete de dicionário ou artigo de enciclopédia, deverá iniciar a referência pela parte que deseja referenciar, seguido da obra completa, separados pelo termo *"In:"* em itálico. É importante lembrar que apenas a obra completa (livro, enciclopédia, dicionário, entre outros.) terá o título grafado.

Exemplo:
CORRÊA, Luiz Nilton. Certificado de produtos tradicionais, inovação de um patrimônio regional: o caso do bolo lêvedo dos Açores. *In:* MOTA, António; ESPINA BARRIO, Angel Baldomero; GOMES, Mario Hélio. (Org.). **Inovação cultural**: patrimônio e educação. Recife: Editora Massangana, 2009. p. 147 – 165.

Artigo em periódicos (revista, jornal, outros), ABNT

Para artigos publicados em periódicos, deverá seguir a mesma ordem usada para capítulos ou para parte de obras, sem o termo *"In:"*, separando a referência do artigo e do periódico como um todo, destacando com grifo, negrito ou itálico apenas o título da obra.

Exemplos:
CORRÊA, Luiz Nilton. Museus corporativos: a musealização como marco na cultura das organizações. **REA Revista Euroamericana de Antropología.** Salamanca, ano 5, n. 5, jan. 2018.

IGOR, Lopes. Vasco Cordeiro impressionado com comunidade açoriana no Brasil. **Jornal Portuguese Times**, New Bedford, 09 jan. 2018. p. 21.

Artigo em periódicos On-line ou PDF, ABNT

Para artigos em periódicos on-line, deve seguir a mesma formatação usada para artigos em periódicos em formato físico (exemplo anterior), inserindo as informações referentes à origem do artigo ao final da referência, com o termo "Disponível em:" seguido do endereço eletrônico finalizado por ponto, acompanhado do termo "Acesso em:"

com a informação do dia, mês (abreviado) e ano da consulta.

Exemplo:
CORRÊA, Luiz Nilton. Museus corporativos: a musealização como marco na cultura das organizações. **REA Revista Euroamericana de Antropología.** Salamanca, ano 5, n. 5, jan. 2018. Disponível em: http://revista.usal.es/index.php/2387-1555/article. Acesso em: 21 jun. 2018.

Eventos e trabalhos apresentados em eventos, ABNT

Para apresentar referências de eventos, ou trabalhos apresentados em eventos como congressos, conferências ou simpósios, deve iniciar pela referência ao trabalho, com sobrenome do autor em maiúscula, nome com iniciais maiúsculas e o nome do evento, seguido de ponto e do termo *"In:"* seguido da referência do evento, que deve iniciar pelo nome do evento, completo e em letra maiúscula, seguido de vírgula e do ano e local de realização, separados por vírgula e seguido de dois pontos.

Após o local, deve inserir o nome da instituição responsável, o ano de realização, seguido do termo "Disponível em:" seguido do endereço eletrônico e finalizado por ponto, acompanhado do termo "Acesso em:" seguido da informação sobre o dia, mês (abreviado) e ano da consulta.

Exemplos:
CONGRESSO INTERNACIONAL DOS 270 ANOS DA PRESENÇA AÇORIANA EM SANTA CATARINA, 2018. Florianópolis: IHGSC, 2018. Disponível em: http://www.ihgsc.org/publicacao. Acesso em: 21 jun. 2018.

ESPINA BARRIO, Angel Baldomero. Formación y transformaciones de los símbolos, ritos e identidades. *In:* CONGRESSO INTERNACIONAL DOS 270 ANOS DA PRESENÇA AÇORIANA EM SANTA CATARINA, 2018. Florianópolis. **Anais eletrônico do Congresso Internacional...** Florianópolis: IHGSC, 2018. Disponível em: http://www.ihgsc.org/publicacao. Acesso em: 21 jun. 2018.

Registro de patente, ABNT

Para referência de patentes, deve iniciar pelo autor do registro, seguido do local entre parênteses, o nome do alvo do registro (objeto) em negrito, seguido de ponto, depois a abreviatura do país da patente, seguido do número da patente. Com data de entrada e data de finalização do registro.

Exemplo:
EMBRAER, Embraer Defesa e Segurança (Gavião Peixoto, SP). Jorge José Jovelino. **Medidor Pressão de Aterrisagem de Aeronaves**. BR n. PI 8906805-9, 22 jun. 2012, 15 mai. 2017.

Documento jurídico ou normas, ABNT

As referências para documentos jurídicos ou normas deve iniciar pela jurisdição (instituição, município, estado, país), seguido de título, da numeração, das datas e das informações relativas à publicação.

No caso de constituição, deve inserir a informação "constituição" seguido do ano de promulgação entre parênteses. E havendo nomes que coincidam entre estados e municípios, deve inserir a entidade entre parênteses logo após o nome.

Exemplos:

BRASIL. Medida Provisória no 592, de 03 de dezembro de 2012. **Diário Oficial da União**, Poder Executivo, Brasília, DF, 03 dez. 2012. Secção 1, Edição Extra, Página1 (Publicação Original)

BRASIL. [Constituição (1988)]. Emenda constitucional nº 9, de 9 de novembro de 1995. **Lex:** legislação federal e marginalia, São Paulo, v. 59, p. 1966, out./dez. 1995.

SÃO PAULO (Estado). Decreto no 42.822, de 20 de janeiro de 1998. **Lex:** coletânea de legislação e jurisprudência, São Paulo, v. 62, n. 3, p. 217-220, 1998.

Imagem em movimento, ABNT

Para referência de imagem em movimento (Filmes, DVDs, Blue-ray, documentários e outros), deve iniciar pelo título do filme, com a primeira palavra do título todo em maiúsculo, incluindo o artigo (se houver), seguido do diretor, do produtor, do local seguido de dois pontos, da produtora seguido de vírgula, data seguida de ponto e informação específica sobre o suporte e a quantidade.

Exemplo:
HOME: nosso planeta, nossa casa. Produção Yann Arthus-Bertrand. Bélgica: Europa Filmes, 2009. 1 DVD.

HOME: nosso planeta, nossa casa. Produção Yann Arthus-Bertrand. Bélgica: Europa Filmes, 2009. Disponível em: http://www.youtubr.com/wxe12. Acesso em: 15 jan. 2020.

Documento iconográfico (pintura, fotografia, ilustração etc.), ABNT

Para documentos iconográficos deve iniciar seguindo a formatação de uma referência básica, com o autor seguido do título. Porém, deve usar uma indicação sobre o documento entre colchetes, caso não haja título disponível. Após o título, deve inserir a data e a informação sobre o tipo de documento ao final da referência, ou ainda, informações complementares sempre que forem necessárias.

Caso tenha sido extraído através da algum endereço *on-line*, este deve vir ao final seguido do termo "Disponível em:" seguido do endereço eletrônico finalizado por ponto, acompanhado do termo "Acesso em:" com a informação do dia, mês e ano da consulta.

Exemplos:

LANGE, Dorothea. **Mãe Migrante**. 1936. 1 fotografia.

LANGE, Dorothea. **Mãe Migrante**. 1936. 1 fotografia. Disponível em: http://www.britanica.com/topic. Acesso em: 22 jun. 2018.

SWARTZ, Wilson. [Imagem do por do sol no mar]. 2018. 1 Foto, Color. Altura: 3.560 pixels. Largura 4.530 pixels. 3.4 Mb. Formato JPEG. Disponível em: http://www.website.com/f132/sol. Acesso em: 15 jun. 2018.

Documento Cartográfico (Atlas, Mapa, Globo, Fotos Aéreas etc.), ABNT

Para referência de documentos cartográficos, deve seguir a formatação e a ordem de uma referência básica, inserindo ao final a informação complementar sobre o suporte do documento e a escala do mapa.

Exemplos:

ATLAS Geográfico Escolar. Rio de Janeiro: IBGE, 2016. 1 atlas. Escalas variam.

INSTITUTO GEOGRÁFICO E CARTOGRÁFICO (São Paulo, SP). **Mapa Índice dos Projetos de Mapeamento**. São Paulo: IGC, 2009. 1 fotografia aérea. Escala 1:1000.000. Disponível em: http://www.website.com/plan. Acesso em: 15 jun. 2018.

Documento sonoro, ABNT

Para documentos sonoros deve iniciar a referência com o título do documento seguido pelo nome do autor, local, gravadora/editora, data e especificação do suporte (CD, DVD etc.). Salvo em casos de Audiolivro em que o nome do autor aparece antes do título.

No caso de se tratar de uma parte de uma gravação, deverá iniciar pela referência da parte, com título, intérprete e compositor da parte, seguida da referência do documento, separados pelo termo *"In"* destacando apenas o título da obra como um todo.

Exemplos:
VIVA la vida. Intérprete: COLDPLAY. Londres/Nova Iorque/Barcelona: Capitol Records, 2008. 1 CD.

A COR Amarela. [Compositor e interprete]: Caetano Veloso. *In* ZIL e Zie. Caetano Veloro. Rio de Janeiro: Universal, p2009. 1 arquivo MP3. Disponível em: http://www.website.com/musica. Acesso em: 15 jun. 2018.

Partitura musical, ABNT

Para referência de partitura musical, deve seguir as normas e a formatação de uma referência básica, adicionando ao final informações complementares que possam ajudar a identificar melhor o documento.
Exemplo:
SIMON, Silvia. **Incandescente**. São Paulo: Solmusical, 2018. 1 partitura. Piano. Disponível em:

http://www.simonson.com/notas/som. Acesso em: 15 jun. 2018.

Documento Tridimensional, ABNT

Para documentos tridimensionais, como maquetes, protótipos, fósseis, peças de museu, obras de artes, entre outros. Deve iniciar pelo nome do autor, seguido do título (inserindo uma indicação sobre o objeto entre colchetes caso não haja título), seguido do ano de criação, com formatação e pontuação usadas na referência básica, finalizando com a especificação do objeto e demais informações complementares, quando necessário.

Exemplo:
PICASSO, Pablo. **A Cabra**. 1950. 1 escultura variável.
CACHIMBO dourado: com base de marfim e decorado com flores lavradas ao longo da peça. [Saint Michel: Charutaria Mantes, 1880]. 1 Charuto.

Programas informáticos, ABNT

Deve iniciar pelo autor, seguido do título (nas mesmas configurações de uma referência básica), seguido da versão (se houver), a descrição física do suporte, finalizando com as informações complementares necessárias.

Exemplo:
ICARO, Dias. **Administrador Hoteleiro**. Versão 4.0. Florianópolis: Inflop, 2018. Disponível em: http://www.inflop.com/admhot/. Acesso em: 15 jun. 2018.

6.4 CITAÇÃO: NORMAS ISO

Quando se trata de citação, a norma ISO 690 não é tão abrangente quanto à norma ABNT. A ISO 690, por exemplo, não apresenta informação específica quanto à forma como uma citação (trecho copiado), deve ser destacada (o que não impede que isso seja feito de alguma maneira).

Ou seja, a norma ISO não faz distinção entre citação direta ou citação indireta, apresentando apenas as formas como devem ser referenciadas qualquer citação que tenha sido utilizada no texto.

Quanto a isso, a ISO 690 utiliza os três sistemas de citação já apresentados anteriormente, o Sistema Autor-Data, também conhecido como Sistema Harvard, o Sistema Numérico e o Sistema de Anotações (em rodapé). Todos com o principal objetivo de identificar a origem de informações, dados e trechos extraídos de outras obras e autores, sendo que uma vez que opte por um desses sistemas, é importante que todo o trabalho esteja no sistema escolhido, sem misturar sistemas diferentes de citação.

Assim, no **sistema Autor-data**, se o nome e o sobrenome do autor forem mencionados no próprio texto, é necessário inserir a data da publicação entre parênteses logo a seguir, para que seja possível localizar a referência na bibliografia final, ou ainda, inserir o número da(s) página(s) (se houver), antecedido da abreviatura "p" ou "pp" separado da data por uma vírgula e seguido de ponto, tudo entre parênteses.

Se o nome do autor não aparecer no texto da citação, será preciso inserir o sobrenome do autor e o ano da publicação entre parênteses, separados apenas por um espaço, inserindo o número da página (se houver), antecedido da abreviatura "p" ou "pp", separado da data por vírgula e seguido de ponto, tudo entre parênteses.

O sobrenome do autor dentro dos parênteses deve ser inserido apenas com a inicial maiúscula, sem primeiro(s) nome(s) ou iniciais, apenas o sobrenome, o ano e a página (se houver).
Exemplo:

Figura 27. Exemplo de Sistema Autor-Data ISO.

Caso haja mais de dois autores com nome e ano de publicação semelhantes, deve-se acrescentar letras do alfabeto, em ordem alfabética, após o ano de publicação (mesmo que seja o mesmo autor com obras diferentes), utilizando a mesma letra nas referências bibliográficas de forma a poder localizar a obra referenciada.

Exemplo:

Mesmo autor e mesmo Ano	
(Corrêa, 2018a)	(Corrêa, 2018b)
Bibliografia	
CORRÊA, L.N., 2018a. *Título do livro*. Local: Editora.	
CORRÊA, L.N., 2018b. *Título do livro*. Local: Editora.	

No **sistema numérico**, cada referência recebe um número único e sequencial, entre parênteses ou sobrescrito, que será correspondido na bibliografia no final do capítulo ou do trabalho, informando a referência, que deverá seguir a mesma ordem em que aparece no trabalho. Ou seja, a bibliografia final será organizada de acordo com a ordem em que as mesmas aparecem ao longo do texto.

De acordo com a ISO, nesse tipo de sistema, é possível ainda inserir o número da página (se houver) logo a seguir o número da referência, no próprio texto, entre parênteses ou sobrescrito.

Exemplo:

> Este fato era visto ainda no que toca ao pagamento de joia, onde algumas instituições deixavam o valor em aberto, possibilitando diferenciação no pagamento[1] p.182. E talvez, por uma busca de maior notoriedade, a maioria das filiações aconteciam em dias de festa, período em que a participação das confrarias poderia ter melhor visibilidade, e até proporcionar uma certa de mobilidade social dentro da sociedade de estado.
>
> É preciso lembra que a sociedade de estados não é uma sociedade de castas, pois há o que chamaríamos mobilidade social[2] p. 132.
>
> ---
>
> **REFERÊNCIAS BIBLIOGRÁFICAS**
>
> 1 COELHO, A.M. *Confraria e Confrades.* Lisboa: Editorial, 1992.
> 2 HESPANHA, A.M. *A mobilidade social na sociedade.* São Paulo: Editorial, 2007.

Figura 28. Exemplo de Sistema Numérico ISO.

O **Sistema de Anotação,** apresentado pela Norma ISO 690, dá a possibilidade de fazer as referências de uma citação em nota de rodapé na própria página em que ela aparece. Para isso, basta inserir uma nota de rodapé ao final da citação, apresentando a fonte da citação na referida nota.

Nesse sistema, cada citação deverá ter uma nota com uma referência própria. Caso uma referência se repita, poderá repetir toda a informação ou inserir apenas o sobrenome do autor, informando em seguida o número da referência semelhante usada anteriormente, antecedida da abreviatura "ref." e do número da referência a que se remete, acompanhada do respectivo número da página (se houver).
Exemplo:

> proporcionar uma certa de mobilidade social dentro da sociedade de estado. É preciso lembrar, no entanto, que a sociedade de estados não é uma sociedade de castas, pois há o que chamaríamos mobilidade social[1].
>
> Segundo Hespanha[2], a diferenciação era, ainda, encontrada nas confraternizações realizadas com alimentos, como por exemplo, o fato de os pobres receberem rações diárias nos dias de festas.
>
> ---
>
> [1] HESPANHA, A.M. *A mobilidade social na sociedade.* São Paulo: Editora, 2007. p.132.
> [2] HESPANHA, ref. 1. p.135.

Figura 29. Exemplo de Sistema Anotação ISO.

Caso o autor da obra seja uma instituição, na primeira vez que o nome da instituição é usado, deverá inserir uma nota de rodapé com a informação sobre a sigla e o nome completo da instituição, optando por utilizar apenas a abreviatura da instituição nas vezes seguintes em que ela aparecer no texto.

6.5 REFERÊNCIAS BIBLIOGRÁFICAS, ISO

A Norma ISO 690 abrange os três sistemas de referências, o Sistema Autor-Data, também conhecido como Sistema Harvard, o Sistema Numérico e o Sistema de Anotações. Sendo que para os sistemas Autor-Data e de Anotações, as referências devem ser apresentadas em ordem alfabética da primeira letra do primeiro termo que aparece na referência, conforme o caso. Enquanto no uso do Sistema Numérico, a ordem das referências seguirá a mesma ordem em que cada uma aparece ao longo do texto.

Assim como outras normas, a norma ISO 690 também contempla uma série de abreviaturas que podem ser utilizas na elaboração de cada referência, muitas delas apresentadas na Norma ISO 832, específica para abreviaturas.

TERMO	ABREVIATURA
Editor	Ed.
Volume	Vol.
Página ou Páginas	p. ou pp.
Referente ou Referência	Ref.
Etcetera e Tal	Et. Al.
Pseudônimo de	Pseud. de
Anônimo	Anon.
Circa (cerca de)	Ca.

Figura 30. Quadro de Abreviatura ISO.

Para além dessas abreviaturas, ainda é possível utilizar alguns recursos para nomes de países, cidades ou periódicos, onde basta utilizar um nome principal mais comum, como o caso da República Francesa, onde se pode por apenas França, ou Cidade de Londres, permitindo o uso apenas de Londres, ou ainda o uso de siglas oficiais de países ou órgãos, como, por exemplo Reino Unido, que pode ser substituído apenas por GB.

Diferentes Tipos de Referências, ISO

Um modelo de referência básica na Norma ISO deve iniciar pelo sobrenome do criador/autor, seguido de vírgula e dos nomes ou iniciais em maiúscula (de acordo com o formato constante na obra), seguido da data (apenas se optar pelo sistema Autor-Data), ou do título e subtítulo (se houver) em itálico; depois deve inserir o local de edição, seguido de dois pontos, a editora e o ano da edição (caso não opte pelo sistema Autor-Data).

Exemplo:
CORRÊA, Luiz Nilton. *Sistema de Referência Numérico ou por Anotação*. São Paulo: Editora, 2018.

Exemplo (Sistema Autor –Data):
CORRÊA, L. N. 2018. *Sistema de Referência Autor-Data.* São Paulo: Editora.

Nome do Autor, ISO

De acordo com a norma ISO 690, as pessoas apresentadas com maior destaque como criador ou organizador da obra devem ser dadas como autoras/criadoras; se não houver um criador óbvio, pode selecionar uma das funções listadas, na seguinte ordem:

<table>
<tr><td colspan="1">Ordem para Referência de Autor da Obra</td></tr>
</table>

autor, compositor, libretista, agência de mapeamento, agrimensor, cartógrafo, copista, projetista de sistemas de software, patenteado, solicitante de patente, artista, fotógrafo, desenhista, designer gráfico;
maestro, intérprete de música, drama, etc., diretor de filmes, inventor;
compilador, editor, revisor;
tradutor, gravador, fotógrafo do trabalho de outro criador, copista, arranjador, programador de software;
editora, provedor de informações on-line, produtora;
distribuidor, host online.

Figura 31. Ordem para Referência de Autor ISO.

O nome do autor deve aparecer na referência no mesmo formato que aparece na obra, sendo apenas as iniciais dos primeiros nomes, por extenso ou com hífen. No caso de estarem acompanhados de título (Dr., Rev., Prof. etc.), esses podem ser utilizados para diferenciá-lo de outros autores com o mesmo nome. Enquanto o sobrenome do autor, ou o nome completo, no caso de uma **instituição**, deverá estar todo em letra maiúscula.

Quando a obra for assinada por um **pseudônimo**, é o mesmo que deverá figurar como autor. Caso o nome do autor seja conhecido, poderá utilizar a abreviatura "pseud. de" acompanhado do nome do autor, tudo entre colchetes.

E para obras revisadas, atualizadas ou reeditadas, o que deve figurar é o nome do criador original da obra e não do revisor ou editor, optando por inserir a informação logo após o título da obra, sem itálico.

Exemplo:
SILVA, Pedro Barbosa [pseud. de José João BARBOSA]. *Viagens Filosóficas*. Revisada por Sharles SCHVARTZ. São Paulo: Editora Travel.

Obra editada pelo autor, ISO

Nas obras editadas pelo autor, o nome do mesmo deve figurar também no local específico para editora. Caso seja mais de um autor a editá-la, deve utilizar somente o primeiro nome que aparece. Porém, se preferir, poderá inserir o nome do patrocinador ou distribuidor após o nome do editor.

Exemplo:
SILVA, José e COSTA, Antônio. *Técnicas de Edição*. São Paulo: José Silva, com apoio do Instituto Pesquisar, 2018.

Autor instituição ou organização, ISO

Caso o autor seja uma instituição, essa deve figurar como autor da obra, com nome completo todo em maiúsculo, inserindo o nome do local entre parênteses, caso exista mais de uma instituição com o mesmo nome em locais diferentes.

Exemplo:
INSTITUTO PESQUISAR (Lisboa). *Editoras e Autores* [Braile]. São Paulo: Editora, 2018.

Se o autor for algum departamento ou uma repartição de algum órgão específico, o nome do órgão deverá anteceder o nome do departamento.

Exemplo:
UNIVERSIDADE ISOS. Secretaria Geral. *Capacitação em Normatização*. São Paulo: Editora, 2018.

Porém, se o departamento ou repartição tiver funções específicas, poderá utilizar, se preferir, apenas o nome do departamento ou repartição.

Exemplo:
ORGANIZAÇÃO MUNDIAL DA SAÚDE. *Riscos Contemporâneos*. São Paulo: Editora, 2018.

E não:

ORGANIZAÇÃO DAS NAÇÕES UNIDAS. Organização Mundial da Saúde. *Riscos Contemporâneos*. São Paulo: Editora, 2018.

Obra sem autor, ISO

Para obras que não tenha autor, ou que o número de autores seja tão extenso que não permita a identificação do domínio autoral (enciclopédias, filmes etc..), o título da obra deverá figurar no local do nome do autor, seguindo a formatação em itálico. Sistema também utilizado para conferências.

Exemplo:
Sem hora e sem autor. São Paulo: Editora, 2018.

Conferência Internacional de Normatização. São Paulo: 2018.

Obra com dois ou três autores, ISO.

Deve figurar o nome de todos os autores na ordem em que aparecem no produto referenciado. Sempre iniciando pelo sobrenome do autor, separados com vírgula e com o termo "e" antes do último autor.

Exemplo:
BAUN, Sérgio, SILVA, Anne e COSTA, Jorge. *Sobre Textos e Normas*. São Paulo: Editora, 2018.

SECRETARIA DA NORMATIZAÇÃO e UNIVERSIDADE METAS. *Normatização de Metas*. São Paulo: Editora, 2018.

Obra com quatro ou mais autores, ISO

Quando uma obra tiver quatro ou mais autores, deverá inserir o nome de todos os autores separados por vírgula, e inserindo o termo "e" antes do último autor.

Porém, se o nome de algum dos autores tiver que ser omitido (dificuldade de localização, ilegível etc.), deverá inserir apenas o primeiro nome que aparece, seguido do termo "e outros" ou da abreviatura "et al.".

Exemplo:
BUNN, Jorge, COSTA, Felipe Luiz, BRANDÃO, José, COSTA, Nilton e SCHVARTZ, Charles. *Obra de Muitos Autores*. São Paulo: Editora, 2018.

COSTA, Juarez e outros. *Algum Autor Oculto*. São Paulo: Editora, 2018.

SCHVARTZ, Nelson, et al. *Autores Perdidos*. São Paulo: Editora, 2018.

Autor com mesmo nome e ano, ISO

Em obras com dois ou mais autores com o mesmo sobrenome e ano de publicação, é preciso diferenciá-los com as letras do alfabeto após o ano da edição, dentro dos parentes, e essas letras devem ser colocadas, seguindo a ordem alfabética, tanto nas citações quanto nas referências.

Exemplo:

Mesmo autor e mesmo Ano	
(SILVA, 2018a)	(SILVA, 2018b)
Bibliografia	
SILVA, Jardim. *Obras de Mesmo Autor*. São Paulo: Editora, 2018a.	
SILVA, Peixoto. *Obras de Autor Igual*. São Paulo: Editora, 2018b.	

Obra sem título, ISO.

Para obras consideradas sem título, poderá inserir, entre colchetes, um título popular, se existir. Caso não exista um título popular para a obra, poderá inserir entre colchetes informações que descrevam a obra, como o nome do conteúdo, por exemplo.

Exemplo:
Silva, José. [Descrição arquitetônica do edifício São Pedro].
São Paulo: Editora, 2018.

Uso do título e subtítulo, ISO

Os títulos devem figurar logo após o nome do autor, separados dos subtítulos (se houver) por dois pontos, seguindo a mesma formatação do título. Caso seja o único título a aparecer na obra, deverá ser apresentado em itálico.

No entanto, se for um título de um artigo, capítulo ou parte de uma obra, esse deve ter formatação normal e apenas o nome da obra completa deverá estar em itálico.

Exemplo:
SILVA, Pedro Paulo. Artigos e publicações em revistas: casos especiais. *In:* SIMON, Ana (Org.). *Publicação Científica: Reunião de Artigos sobre Publicações.* São Paulo: Editora. 2018.

Títulos ambíguos, ISO

É possível inserir informações adicionais a fim de esclarecer títulos ambíguos ou que utilize abreviaturas difusas, após o título entre colchetes.

Exemplo:
SILVA, José. *A Cor da Manga* [Fruta]. São Paulo: Editora, 2018.

Títulos muito longos, ISO

Também os títulos que sejam inconvenientemente longos podem ser abreviados, limitando sua extensão com três pontos. Deve transcrever uma parte inicial do título, suficiente para que adquira sentido, seguido de reticências.

Exemplo:

SILVA, José. *Circuito de convalescência de normativas inseridas no meio acadêmicos de universidades federais, autônomas...* São Paulo: Editora, 2018.

Informações adicionais, ISO

É possível inserir informações adicionais referentes ao suporte ou linguagem da obra (braile, *on-line*, DVD, Blue-ray, Globo, Mapa [com medidas em mm], Fotografia, Microfilme etc.), ou sobre colaboradores importantes da obra (tradutor, orientador etc.), sempre entre colchetes, após o título, ou subtítulo (se houver).

Exemplo:

SILVA, José. *Alfabetização em Braile* [Braile]. São Paulo: Editora, 2018.

INSTITUTO PESQUISAR. *Normatización* [Blue-ray, dublagem: Mendes Silva]. São Paulo: Editora, 2018.

Local de edição, ISO

Quando houver mais de um **nome de local**, deve utilizar somente o primeiro que aparece.

Obra em versão eletrônica ou on-line, ISO

Nas obras em versão eletrônica ou disponíveis on-line, deve seguir o modelo de referência básico, inserindo a observação "on-line" entre colchetes após o título, e ao final deve inserir o termo "Disponível em:" seguido do endereço de acesso.

Exemplo:

SCHVARTZ, Pedro. *Navegando na Web* [On-line]. São Paulo: Editora, 2018. Disponível em: www.website.com/navegandonaweb/

Obra em PDF ou com DOI, ISO

Para obras em PDF ou que possuam DOI, deve seguir o modelo de referência básico, inserindo ao final da referência o termo "DOI:" seguido do referido código. No caso de PDF ou outro formato, deve apresentar o endereço eletrônico precedido do termo "Também disponível em PDF em" (seguido de dois pontos).

Exemplo:

SILVA, Norberto. *Tratado de Pesquisa On-line*. São Paulo: Editora, 2018. Também disponível em PDF em: www.editoraaberta.org/tratado:PDF

SILVEIRA, Sá. Pesquisa On-line. *Revista de Métodos On-line* [on-line]. São Paulo: Editora, 2018. DOI: 10.1018/jjm, 2018.15.06

Referência de *website*, ISO

Deve iniciar pelo nome do site em itálico, seguido da instituição mantenedora, com data da visita entre colchetes, finalizado pelo termo "Disponível em:", seguido do endereço eletrônico.

Exemplo:
Norbidos Anonimous: Revista on-line de notícias anônimas. CER Centro Europeu de Redes [visto 16 junho 2018]. Disponível em: www.norbidos.com/anonimous/

Onde inserir ISSN ou ISBN, ISO

Quando for necessário inserir o ISSN ou o ISBN, deve seguir o modelo de referência básico para livro ou revista, inserindo tanto o ISSN ou o ISBN ao final da referência, como último item a ser inserido.

Exemplo:

SILVA, Jorge. *Referida Referência*. São Paulo: Editora, 2018. ISBN 00283212.

SILVA, Jorge. Recados On-line. *Revista de Referências Normativas*. São Paulo: Editora, 2018, **32**(3), 25-34. ISSN 0011-9806.

Número do volume, edição e página(s), ISO

Os itens referentes a volume, edição e páginas, devem ser apresentados seguindo a hierarquia do mais abrangente para o menos abrangente (Volume, Edição, Capítulo, Página etc.), podendo omitir os termos, inserindo apenas os números, os quais deve ser diferenciados, com número do volume em negrito e a edição entre parênteses, seguido de vírgula e do número da(s) página(s).

Exemplo:
SILVA, Jorge. Recados On-line. *Revista de Referências Normativas*. São Paulo: Editora, 2018, **32**(3), 25-34. ISSN 0011-9806.

Data de publicação, ISO

Normalmente basta fornecer o ano de publicação ou edição para referência de obras cuja data esteja disponível. Porém, no caso de periódicos diários (revistas, jornais etc.), podem ser precisos também o mês e o dia da publicação e, em alguns casos, como o de programas televisivos transmitidos, são importantes, **datas mais exatas**, apresentando ano, mês, dia, hora, minutos e segundo, em formato numérico (2018-06-15, 14:15:12.), ou apenas com o dia, mês (abreviado) e ano (15 Jun. 2018.) ou ainda, por um período específico (estação do ano, período universitário etc.).

Exemplo:

MENEZES, Rogério. Entrevista. In: *Jornal Diário*. TV Hora, 15 Jun. 2018, 20:17:00.

Em caso de datas fornecidas em **sistemas de datas diferentes** do calendário cristão (gregoriano), será preciso fornecer a data equivalente ao calendário cristão entre colchetes.

Exemplo:
SALUM, Joseph. *Calendário Judaico Hoje*. São Paulo: Editora, 5778 [2018].

Para **publicação sem data disponível**, poderá indicar uma data aproximada inserindo a abreviatura "ca.", antes da data, tudo entre colchetes. Caso não seja possível, deverá inserir o termo "sem data" , também entre colchetes.

Exemplo:
SILVA, José. *Lavours de Café*. São Paulo: Editora [ca.1830].

Em caso de **edições fac-similadas** de documentos ou obras com data do documento ou obra e da publicação fac-similada, deve informar ambas as datas, iniciando pela mais recente e utilizando o termo "cópia" ou "reimpresso" , entre as datas apresentadas.

Exemplo:
SILVA, José. *Viagem ao Sertão* [Fac-símile]. São Paulo: Editora, 1832 reimpresso 1950.

Capítulo ou parte de uma obra, ISO
Deve inserir o termo *"in"* seguido de dois pontos, nos casos em que a referência abrange dois títulos, somente o título da obra principal, normalmente o segundo título a aparecer, deve ser formatado em itálico.

Exemplo:
BUNN, Sergio. Uma Parte da Obra. *In:* BOTELHO, Vilson e AMARAL, Silvia. *Obras Gerais de Técnicas Científicas.* São Paulo: Editora, 2018, pp. 132-151.

Blog, e-mail, *twitter* ou postagem eletrônica, ISO

Para referências de e-mails, postagens em rede social ou *fóruns on-line*, deve iniciar pelo sobrenome do autor, seguido do nome, título do conteúdo (postagem, e-mail etc.) entre colchetes, nome da plataforma *(blog*, fórum, *twitter* etc.) seguidos do dia, mês, ano, hora e finalizado com o *link* que dá acesso ao conteúdo (se possível).

Exemplo:
SILVA, Mariza. Sobre Debates Políticos [on-line]. *Grupo de Apoio à Política.* Facebook, 15 Junho 2018, 13:32 [Visualizado 15 Junho 2018]. Disponível em: http://www.facebook.com/group?/apoiopolitica/.

COSTA, Dione. Fórum On-line. *Wikipedia: A Enciclopédia Livre.* 15 Junho 2018, 13:34 [Visualizado 15 Junho 2018, 14:16]. Disponível em: http://en.wikipedia.org/forum.

SANTOS, Célia. Crítica aos temas televisivos abrangentes [Postagem]. *Twitter @santocelia.* 15 Junho 2018, 13:45:12.

Referência de software, ISO

No caso de software ou programas informáticos em geral, disponível on-line ou não, deve iniciar com o autor (normalmente a instituição), o nome do programa acompanhado da versão, data de publicação completa com dia, mês e ano, data de acesso entre colchetes e endereço eletrônico (se for o caso).

Exemplo:
NOXX FOUNDATION. Noxx Editor 1.9 [software]. 01 Junho

2018 [acessado 15 Julho 2018]. Disponível em:
http://www.noxfundation.org

Referência de gravação Sonora, ISO

Em referências a músicas escritas ou gravadas, o compositor deve ser mostrado como o criador, mesmo que o intérprete tenha o mesmo destaque.
Exemplo:
SOARES, Bento. *Bossa cheirando a nova* [Blue-ray]. São Paulo: Sonetos Music, 2018.

SILVA, Luiz Pereira. Canção do Amanhecer [on-line]. Biblioteca Digital, 2018-06-15, 13:19:23 [visualizado 18 junho 2018]. Disponível em: http://bibliodig.org/287859.

Referência de imagem e Imagem em movimento, ISO

Deve seguir a formatação de um livro comum, inserindo a informação (filme, foto etc.) entre colchetes [ ], após o título, juntamente com as informações sobre direção ou produção também após o título.

SILVA, Sônia, *Correntes do passado* [Filme]. Produzido por Márcia Bunn. São Paulo: Edfilmes, 2018.

Programa ou parte de programa de TV, Rádio ou Filme, ISO

Para referenciar um programa de uma série, deve inserir o número do episódio no título, assim como o título da série, empresa de TV (se for o caso) e canal, inserindo ainda a data completa.

Exemplo:
AMARANTE, Marcus. *Tomando as rédeas*. Rádio Peão, 10 - 15 Jun. 2018.

MEDEIROS, Marcia. Entrevista. *In: Na rede e no ar.* TVSol, 15 Jun. 2018, 20:30.

Referência de patente, ISO

Deve seguir o mesmo formato de um livro comum (sem itálico), com o autor da obra patenteada (invenção, objeto etc.), seguido do título da obra e da instituição responsável pelo processo de patente acompanhado do respectivo número da patente.

Exemplo:
SILVA, José. Obturadores de falhas óticas sensíveis. Instituto Brasileiro de propriedades industrial 01203948B2. 2018-15-06.

Referência de mapa, ISO

Para referência de mapas, deve seguir o formato de referência de publicação básica. Inserindo o nome do autor ou instituição produtora do mapa, seguido do nome do mapa (em itálico), da escala, do local de edição e do nome da editora acompanhada do ano, possibilitando a inserção de observações ao final.

Exemplo:
ADRIANO, Sergio. *Mapa dos rios e lagos de sertão maranhense* 1:8,000,000. São Paulo: Edimapas, 2018.

INSTITUTO GEOGRÁFICO. *Mapa das lagoas de montanha* 1:1000. São Paulo: Edimapas, 2018. Completo e a cores.

6.6 CITAÇÃO: NORMAS NP 405 (IPQ)

As normas portuguesas para referências, NP 405, são publicações do Instituto Português de Qualidade – IPQ, e tem por base a Norma ISO 690 de 1987, dividindo-se em quatro partes com informações específicas para documentos de natureza diferente.

A NP 405 parte 1 trata de documentos impressos como monografias ou parte de monografias, periódicos, artigos de revistas, teses, músicas impressas, normas, resumos, patentes etc.

A NP 405 parte 2 trata de materiais "não livros" como cartazes, postais, gravuras, filmes e registro vídeo ou sonoro, objetos, entre outros.

A Norma NP 405 parte 3 é direcionada a documentos não publicados, como cartas, monografias e publicações em série não publicadas comercialmente, documentos circulares, manuscritos, música manuscrita, material cartográfico.

E a NP 405 parte 4 dedica-se a documentos eletrônicos como base de dados, programas de computador, revistas eletrônicas, artigos, mensagens, grupos de notícias e discussões, entre outros.

Quando se trata de citação, as normas NP 405 não apresentam informações específicas quanto à forma como uma transcrição (trecho copiado de outra obra) deve ser destacada (o que não impede que isso seja feito de alguma forma). Ou seja, as normas NP 405 não fazem distinção entre citação direta ou citação indireta, apresentando apenas as regras de como devem ser referenciadas quaisquer transcrições ou ideias que tenham sido utilizadas no texto.

Sistemas de Citação, NP 405

Quanto ao sistema de citação, a NP 405 utiliza os três sistemas de citação já apresentados anteriormente, o Sistema Autor-Data, também conhecido como Sistema Harvard, o Sistema Numérico e o Sistema de Anotações (em rodapé). Com o objetivo comum de identificar a origem das informações, dados e trechos extraídos de outras obras e autores, e uma vez que opte por um desses sistemas, todo o trabalho deverá estar no sistema escolhido, sem misturar sistemas diferentes.

No **sistema Autor-data**, se o nome e o sobrenome do autor forem mencionados no próprio texto, é necessário inserir a data da publicação entre parênteses logo a seguir, para que seja possível localizar a referência na bibliografia final, ou ainda, inserir o número da(s) página(s) (se houver), antecedido da abreviatura "p" ou "pp" separado da data por uma vírgula e seguido de ponto, tudo entre parênteses.

Se o sobrenome do autor não aparecer no texto, será preciso inserir o sobrenome e o ano entre parênteses, separados apenas por um espaço, inserindo o número da(s) página(s) (se houver), antecedido da abreviatura "p" ou "pp" separado da data por vírgula e seguido de ponto, tudo entre parênteses.

O sobrenome do autor dentro dos parênteses deve ter apenas a inicial maiúscula, sem primeiro(s) nome(s) ou iniciais, apenas o sobrenome, o ano e a(s) página(s) (se houver).

Exemplo:

> Max Weber (2006), por outro lado, não vê no sagrado uma identidade específica, e não aplica à religião uma verdadeira autonomia de análise. Ele projeta a religião ao mundo concreto transformando seu papel ao olhar de uma base cultural racionalizada e aplicando à religião, padrões de prática social. Para ele a religião é um meio de respostas irracionais presente na sociedade humana (Rodrigues, 2007, p.51). Enquanto Karl Marx e Friedrich Engels, por sua vez, dizem que a religião não passa de uma ilusão refletida pelas contradições sociais.

Figura 32. Exemplo de Sistema Autor-Data NP 405.

Caso haja mais de dois autores com nome e ano de publicação semelhantes (mesmo que seja o mesmo autor com obras diferentes), deve-se acrescentar letras do alfabeto, em ordem alfabética, após o ano de publicação. Inserindo o ano e a mesma letra nas referências bibliográficas, entre parênteses, entre nome do autor e título, de forma a poder localizar a obra referenciada, sem omitir o ano de publicação ao final da referência.

Exemplo:

Mesmo autor e mesmo Ano

(Corrêa, 2018a)	(Corrêa, 2018b)

Bibliografia

CORRÊA, L.N., (2018[a]) - *Título do livro*. Local: Editora, 2018.

CORRÊA, L.N., (2018b) - *Título do livro*. Local: Editora, 2018.

No **sistema numérico**, cada referência recebe um número único e sequencial, entre parênteses ou sobrescrito, que será correspondido na bibliografia no final do capítulo ou do trabalho, informando a referência que deverá seguir a mesma ordem em que aparece no trabalho. Ou seja, a bibliografia final será organizada de acordo com a ordem em que as mesmas aparecem ao longo do texto.

Nesse tipo de sistema, é possível ainda inserir o número da página (se houver), logo a seguir o número da referência, no próprio texto, entre parênteses ou sobrescrito.

Exemplo:

Este fato era visto ainda no que toca ao pagamento de joia, onde algumas instituições deixavam o valor em aberto, possibilitando diferenciação no pagamento[1 p.182]. E talvez, por uma busca de maior notoriedade, a maioria das filiações aconteciam em dias de festa, período em que a participação das confrarias poderia ter melhor visibilidade, e até proporcionar uma certa de mobilidade social dentro da sociedade de estado.

É preciso lembra que a sociedade de estados não é uma sociedade de castas, pois há o que chamaríamos mobilidade social[2 p.132]

REFERÊNCIAS BIBLIOGRÁFICAS

1 COELHO, A.M - *Confraria e Confrades*. Lisboa: Editorial, 1992.

2 HESPANHA, A.M - *A mobilidade social na sociedade*. São Paulo: Editorial, 2007.

Figura 33. Exemplo de Sistema Numérico NP 405.

O **Sistema de Anotação** apresentado pelas Normas NP 405 dá a possibilidade de fazer as referências de uma citação em nota de rodapé na própria página em que ela aparece. Para isso, basta inserir uma nota de rodapé ao final da citação, apresentando a fonte da citação na referida nota.

Nesse sistema, cada citação deverá ter uma nota com uma referência própria. Caso uma referência se repita, poderá repetir toda a informação ou inserir apenas o sobrenome do autor, seguido da abreviatura "*cit.*" e do número da referência semelhante, usada anteriormente e acompanhada do respectivo número da página da obra consultada (se houver).

Exemplo:

proporcionar uma certa de mobilidade social dentro da sociedade de estado. É preciso lembrar, no entanto, que a sociedade de estados não é uma sociedade de castas, pois há o que chamaríamos mobilidade social[1].

Segundo Hespanha[2], a diferenciação era, ainda, encontrada nas confraternizações realizadas com alimentos, como por exemplo, o fato de os pobres receberem rações diárias nos dias de festas.

[1] HESPANHA, A.M - *A mobilidade social na sociedade.* São Paulo: Editora, 2007. p.132.
[2] HESPANHA, cit. 1. p.135.

Figura 34. Exemplo de Sistema Anotação NP 405.

Citação de Citação, NP 405

Quando houver uma citação de citação, ou seja, citar uma obra que não foi consultada diretamente, e que tenha sido consultada através de outra obra, deverá utilizar os termos "Apud" (segundo, conforme) ou "Cit. Por" (citado por).

Exemplo:

Apud CORRÊA, Luiz Nilton - *Sistema de Referência Numérica ou por Anotação.* p. 178.

6.7 REFERÊNCIAS BIBLIOGRÁFICAS: NP 405

As Normas NP 405 permitem os três sistemas de referências, o Sistema Autor-Data, também conhecido como Sistema Harvard, o Sistema Numérico e o Sistema de Anotações. Sendo que para os sistemas Autor-Data e de Anotações, as referências devem ser apresentadas em ordem alfabética da primeira letra do primeiro termo que aparece na referência, conforme o caso. Enquanto no uso do Sistema Numérico, a ordem das referências seguirá a mesma ordem em que cada uma aparece ao longo do texto.

Abreviatura, NP 405

Assim como outras normas, as normas NP 405 também contemplam uma série de abreviaturas que podem ser utilizas na elaboração de cada referência.

TERMO	ABREVIATURA
Editor	Ed.
Edição Revisada	Ed. Rev.
Citado por	Cit. Por
Mesmo lugar	Ibidem ou Ibd.
No lugar citado	Loc-cit
Obra Citada	Op. Cit.
O mesmo	Idem
Página ou Páginas	p. ou pp.
Referente ou Referência	Ref.
Sem Data	S.D.
Sem Editor (*Sine Nomine*)	S.N.
Sem Local (*Sine Loco*)	S.L.
Segundo, Conforme	Apud
Volume ou Volumes	Vol. Ou Vols.

Figura 35. Quadro de Abreviaturas NP 405.

Referência Básica, NP 405

Um modelo de referência básica na Norma NP 405 deve iniciar pelo sobrenome do autor em letra maiúscula, seguido de vírgula e dos nomes do autor com iniciais em maiúscula, ou apenas as iniciais em maiúscula (como constar na obra), seguido de hífen e do título e subtítulo (se houver), separados por dois pontos, em **itálico, sublinhado ou entre aspas** (deve usar o modelo escolhido em todo o trabalho). Depois deve inserir o local de edição, seguido de dois pontos, a editora, seguido de vírgula, e o ano da edição seguido de ponto.

Exemplo:
CORRÊA, Luiz Nilton - *Sistema de Referência Numérica ou por Anotação*. São Paulo: Editora, 2018.

Referência com elementos complementares, NP 405

Pode-se inserir ainda elementos facultativos que, apesar de não serem obrigatórios, podem fornecer maiores informações sobre a referência em causa, sejam informações como ISBN, número da página, tipo de obra. Informações adicionais como tipo de trabalho acadêmico poderão ainda ser apresentadas, todas ou alguns, de acordo com o exemplo abaixo.

No entanto, deve lembrar que, uma vez que optar por inserir uma dessas informações facultativas, deverá tentar inserir as mesmas informações para cada uma das referências constantes no trabalho.

Exemplos:
CORRÊA, Luiz Nilton – *Corporate Museum: corporation identity*. Trad. Sergio Holanda [Londres]. 4ª ed. São Paulo: Editora, 2018. 380 p. (Série Museus no Mundo). ISBN 0-12345-123-3. Vol. II. p. 68.

CORRÊA, Luiz Nilton – *Corporate Museum: corporation identity*. São Paulo: Editora, 2018. Tese de Doutorado.

Nome do Autor, NP 405

O nome do autor deve aparecer na referência no mesmo formato que aparece na obra, ou apenas as iniciais dos primeiros nomes, por extenso ou com hífen. E quando a obra for assinada por um **pseudônimo**, é o mesmo que deverá figurar como autor.

Mais de uma obra do mesmo autor, NP 405

Quando houver mais de um documento com o mesmo autor na lista de referências, poderá substituir o nome do autor por travessão, mantendo apenas a primeira referência com o nome completo.

Exemplo:
CORRÊA, Luiz Nilton - *Sistema de Referência Numérico ou por Anotação*. São Paulo: Editora, 2018.

_*Autores com mesma obra*. São Paulo: Editora, 2017.

_*Referências para autores repetidos*. São Paulo: Editora, 2015.

Autor instituição ou organização, NP 405

Caso o autor seja uma instituição, a mesma deve figurar como autor da obra, com nome completo todo em letras maiúsculas. Sistema também utilizado para congressos e conferências, seguido de local e data, separados por vírgula.

Exemplo:
INSTITUTO PESQUISAR - *Editoras e Autores* [Braile]. São Paulo: Editora, 2018.

Se o autor for algum departamento ou uma repartição de algum órgão específico, o nome do órgão deverá anteceder o nome do departamento.

Exemplo:

UNIVERSIDADE ISOS. Secretaria Geral - *Capacitação em Normatização*. São Paulo: Editora, 2018.

Obra sem autor, NP 405

Para obras que não tenham autor, o título da obra deverá figurar no local do nome do autor. Caso o nome do autor possa ser identificado por outras fontes, o mesmo poderá ser inserido entre colchetes.

Exemplo:

Conferência Internacional de Normatização. São Paulo: 2018.

Caso o nome do autor seja conhecido, poderá utilizar nome do autor entre colchetes.

Exemplo:

[BARBOSA, José João] - *Viagens Filosóficas*. revisada por Sharles SCHVARTZ. São Paulo: Editora Travel.

Obra com até três autores, NP 405

Deve figurar o nome de todos os autores na ordem em que aparecem no produto referenciado, sempre iniciando pelo sobrenome do autor, separados por ponto e virgula.

Exemplo:

BAUN, Sergio; SILVA, Anne; COSTA, Jorge - *Sobre Textos e Normas*. São Paulo: Editora, 2018.

SECRETARIA DA NORMATIZAÇÃO; UNIVERSIDADE METAS - *Normatização de Metas*. São Paulo: Editora, 2018.

Obra com quatro ou mais autores, NP 405

Quando uma obra tiver quatro ou mais autores, deverá inserir apenas o primeiro nome que aparece seguido da abreviatura "et al." entre colchetes.

Exemplo:
SCHVARTZ, Nelson. [et al.] - *Autores Perdidos*. São Paulo: Editora, 2018.

Autor com mesmo nome e ano, NP 405

Em obras com dois ou mais autores com mesmo sobrenome e ano de publicação, esses devem ser distinguidos com as letras do alfabeto após o ano, dentro dos parentes, e essas devem ser colocadas seguindo a ordem alfabética, tanto nas citações quanto nas referências.

Exemplo:

Mesmo autor e mesmo Ano	
(Corrêa, 2018a)	(Corrêa, 2018b)

Bibliografia

CORRÊA, L.N., (2018a) - *Título do livro*. Local: Editora, 2018.

CORRÊA, L.N., (2018b) - *Título do livro*. Local: Editora, 2018.

Uso do título e subtítulo, NP 405

Os títulos devem figurar logo após o nome do autor, separados dos subtítulos (se houver) por dois pontos, seguindo a mesma formatação do título.

Exemplo:
SILVA, SIMON, Ana (Org.) – *Publicação Científica: Reunião de Artigos sobre Publicações*. São Paulo: Editora. 2018.

Títulos muito longos, NP 405

Também os títulos que sejam inconvenientemente longos podem ser abreviados, limitando sua extensão com três pontos. Deve transcrever uma parte inicial do título, suficiente para que adquira sentido, seguido de reticências.

Exemplo:
SILVA, José – *Circuito de convalescência de normativas inseridas no meio acadêmicos de universidades federais, autônomas...* São Paulo: Editora, 2018.

Local de publicação, NP 405

Deve inserir o nome do local de forma a identificar o local onde a obra foi publicada, inserindo os complementos necessários para distinguir de outros locais com mesmo nome, tudo separado por vírgula. Caso não haja essas informações adicionais no documento referenciado, as mesmas devem constar entre colchetes.

Exemplo:
CORRÊA, Luiz Nilton - *Sistema de Referência Numérico ou por Anotação.* São Paulo [Brasil]: Editora, 2018.

Caso apresente mais de um local diferente, deve inserir o que esteja melhor evidenciado seguido de etc., ou inserir até três locais caso sejam de editores diferentes. Ou apenas inserir "S.l." entre colchetes, se não houver local informado.

Exemplo:
CORRÊA, Luiz Nilton – *Corporate Museum: corporation identity.* Salamanca [etc.]: Editora, 2018.

Obra sem local e sem editora, NP 405

Caso não seja possível identificar o local de publicação, deverá inserir "S.l." entre colchetes, e ainda "s.n." entre colchetes, caso não conste o nome da editora.

Exemplo:

CORRÊA, Luiz Nilton – *Corporate Museum: corporation identity.* [S.l.: s.n.], 2018.

Obra em versão eletrônica ou on-line, NP 405

Nas obras em versão eletrônica ou disponíveis on-line, deve seguir o modelo de referência básico, inserindo a observação "em linha" entre colchetes após o título, seguido do local e data, inserindo ao final a data da consulta, entre colchetes, seguido do termo "Disponível na Internet" e seguido do endereço de acesso entre sinais de "menor que" "e maior que" (< >).

Exemplo:

SCHVARTZ, Pedro – *Navegando na Web* [Em linha]. São Paulo: Editora, 2018. [Consult. 20 jul. 2018] Disponível na Internet: <www.website.com>

Onde inserir ISSN ou ISBN, NP 405

Quando for necessário inserir o ISSN ou o ISBN (essencial para documentos impressos), deve seguir o modelo de referência básico para livro ou revista, inserindo tanto o ISSN ou o ISBN ao final da referência, como último item a ser inserido.

Exemplo:

SILVA, Jorge – *Referida Referência.* São Paulo: Editora, 2018. ISBN 00283212.

CORRÊA, Luiz Nilton – Museus corporativos: a musealização como marco na cultura das organizações. *REA Revista Euroamericana de Antropología.* Salamanca, ISSN: 1234-1234. 5:5 (2018) 31-41.

Publicação em periódicos (artigo), NP 405

Deve iniciar pelo nome do autor do artigo, seguido do título do artigo, separados por hífen, seguido de ponto e do nome da revista. Somente o nome da revista deve ter formatação diferenciada (itálico, sublinhado ou entre aspas), seguido do local da publicação e do ISSN, volume, número ano e página (os últimos são facultativos).

Exemplo:
CORRÊA, Luiz Nilton – Museus corporativos: a musealização como marco na cultura das organizações. *REA Revista Euroamericana de Antropología*. Salamanca, ISSN: 1234-1234. 5:5 (2018) 31-41.

Capítulo ou parte de uma obra, NP 405

Deve seguir as normas para uma referência básica, inserindo o termo "in" seguido de dois pontos entre o título do capítulo ou parte (primeiro a ser referido) e o título da obra (segundo a ser referido), com a formatação diferenciada (aspas, itálico ou sublinhado) apenas para o título da obra inteira, no segundo título.

Exemplo:
BUNN, Sergio – Uma Parte da Obra. In: BOTELHO, Vilson; AMARAL, Silvia – *Obras Gerais de Técnicas Científicas*. São Paulo: Editora, 2018, pp. 132-151.

Cartaz, NP 405

A referência para cartazes, de acordo com a APA, deve ser semelhante à de uma bibliografia básica, com sobrenome do autor em maiúsculo, seguido de vírgula e do(s) nome(s) do autor, seguido de traço e do título do cartaz em itálico e com primeira letra maiúscula. Poderá ter uma designação genérica do material entre colchetes e complemento antecedido de dois pontos.

O local, editor e ano de edição devem ser apresentados a seguir e entre colchetes e finalizado com ponto. E ainda, poderá apresentar ao final a sua designação (cartaz) e outras informações físicas que achar pertinente (cor, dimensões etc.).

Exemplos:
NEGREIROS, Almada - *Nós queremos um Estado forte.* [Lisboa: s.n., 1933] (Lisboa: Lith. de Portugal). 1 cartaz.

NEGREIROS, Almada - *Nós queremos um Estado forte* [Documento icónico] : *votai a nova Constituição.* [Lisboa: s.n., 1933] (Lisboa: Lith. de Portugal). 1 cartaz: color.; 117x91 cm.

Gravura, Postal ou documento icónico, NP 405

Para gravuras, postais ou documentos icônicos, deve utilizar as mesmas regras utilizadas para cartazes. No entanto, o ano de edição deve ficar fora dos colchetes, logo após o local e a editora, inserindo ao final as informações complementares necessárias para a identificação do item.

Exemplos:
MAGALHÃES, Jose Alves do – *Cocares do Amazonas.* [Manaus: Edizonas], 2016. 1 gravura em madeira, óleo natural, color.

Sete Cidades [Documento icônico]: **imagem da Lagoa das Sete Cidades na coleção de postais ilustrados antigos da BPARPD.** Ponta Delgada: Biblioteca Pública e Arquivo Regional de Ponta Delgada, 1914. 1 pasta (15 postais): colos.

Registo em Vídeo e Projeção em Audiovisual, NP 405

Para referência de registos em vídeo, deve seguir o formato de referência de publicação básica. Inserindo o nome do autor ou instituição produtora (se houver), seguido do título do vídeo (em itálico, sublinhado ou entre aspas). Caso não exista nome específico, pode descrever um título entre colchetes, seguido do local de edição e do nome da editora, acompanhada do ano. Inserir ao final as observações referentes ao suporte e tipo de documento.

Exemplos:
SOARES, Jorge – *Trabalhos e Empregos Clandestinos*. São Paulo: 1984. 1 Filme "loop".

SOARES, Jorge – *Trabalhos e Empregos Clandestinos*. São Paulo: 1984. 1 cassete vídeo (VHS): color., son.

Documento Tridimensional (Objeto), NP 405

Para documentos tridimensionais, como maquetes, protótipos, fósseis, peças de museu, obras de artes, entre outros, deve iniciar pelo nome do autor (se houver), seguido do título (inserindo uma indicação sobre o objeto entre colchetes, caso não haja título), seguido do local e do ano de criação, separados por dois pontos, finalizando com a especificação do objeto e demais informações complementares.

Exemplo:
PICASSO, Pablo - *A Cabra*. 1950. 1 escultura variável.

Cachimbo Dourado [Escultura com base de marfim e decorado com flores lavradas ao longo da peça]. Saint Michel: Charutaria Mantes, 1880]. 1 Charuto.

Registo Sonoro, NP 405

Deve utilizar o mesmo modelo da referência básica, inserindo, após o título, o tipo de suporte e, ao final, as informações complementares necessárias.

Exemplos:

SOARES, Bento – *Bossa cheirando a nova*. São Paulo: Sonetos Music, 2018. 1 disco [Blue-Ray].

SILVA, Luiz Pereira – Cação do Amanhecer. 1 disco [Em linha]. In SOARES, Bento – Coletânea. São Paulo: Biblioteca Digital, 2018. [Consult. 18 Jun. 2018]. Disponível na Internet: <http://bibliodig.org/287859>

Manuscritos (carta, música, relatório etc.) , NP 405

Devem seguir as normas para uma referência básica, inserindo informações sobre o tipo de documento entre colchetes após o título, seguido da data e das informações referentes ao acesso e localização no arquivo.

Exemplo:
PONTA DELGADA, Câmara Municipal – *Relatório administrativo* [Manuscrito]. 1689. Acessível na Biblioteca Pública e Arquivo Regional de Ponta Delgada, Ponta Delgada, Portugal. C. 14, f. 23.

GIMENEZ, Pedro – *Sonetos de Primavera* [Música manuscrita]. 1911. Acessível no Museu Nacional da Música, Paris, França. Ms. 28, f. 34.

Material Cartográfico (Mapas, globos, outros), NP 405

Para referência de mapas, deve seguir o formato de referência de publicação básica. Inserir o nome do autor ou instituição produtora do mapa (se houver), seguido do nome do mapa (em itálico, sublinhado ou entre aspas). Caso não exista nome específico, pode descrever um título entre colchetes, seguido da escala com os números entre colchetes após o título, seguido do local de edição e do nome da editora, acompanhado do ano. Possibilitada ainda a inserção de observações ao final da referência.

Exemplo:

ADRIANO, Sergio – *Mapa dos rios e lagos de sertão maranhense.* Escala [1:8,000,000]. São Paulo: Edimapas, 2018.

SOARES, Teixeira – [Carta da foz do Rio do Prata]. Escala [1:26000000]. 1576. 1 carta. Acessível na Biblioteca Pública e Arquivo Regional de Évora, Évora, Portugal. Ms. 32C.

6.8 CITAÇÃO: NORMA/ESTILO APA

O conceito e a forma de destacar o texto de uma **Citação Direta** na Norma/Estilo APA são parecidos aos utilizados na Norma ABNT. Para a Norma APA, em sua sexta edição, todo texto que for copiado de forma exata de outro autor, ou ainda, de seu próprio trabalho que já tenha sido publicado anteriormente, deve ser destacado, utilizando aspas duplas (") nos trechos menores do que 40 palavras (que devem estar incorporados ao texto), finalizado com a referência, autor-data, entre parênteses. Enquanto os textos com mais de 40 palavras devem ser escritos em linha nova, sem aspas ou redução da fonte, com recuo da margem esquerda igual ao utilizado no início de cada parágrafo, dobrando esse recuo caso inicie um novo parágrafo dentro da citação, sem alterar as outras características do texto, finalizando com a referência autor-data, entre parênteses. Caso tenha indicado a origem do texto antes da citação, bastará inserir a página ou parágrafo ao final da citação.

Exemplo:

> diferenciação no pagamento destas."(Coelho, 1992, p.182). E talvez por uma busca de maior notoriedade, a maioria das filiações aconteciam em dias de festa, período em que a participação das confrarias poderia ter melhor visibilidade, e até proporcionar uma certa de mobilidade social dentro da sociedade de estado.
>
> A sociedade de estados não é uma sociedade de castas. Os equilíbrios estabelecidos podem *evoluir* [grifo adicionado]. Esta (limitada) dinâmica – a que chamaríamos "mobilidade social"- era imputável ou a um auto-movimento da natureza, fecunda pelo tempo, ou às obras dos agentes. (Hespanha, 2007, p.132).
>
> Ainda segundo Hespanha (2007, pp.135-136), "A diferenciação [autor se refere a diferenciação social] era, ainda, encontrada nas confraternizações realizadas com alimentos ....", como por exemplo, o fato de os pobres

Figura 36. Exemplo de Citação Direta: Norma APA.

Para referência nas **Citações Diretas** e **Citações Indiretas** no estilo APA utiliza-se o modelo Autor-Data, com sobrenome do autor (com primeira letra maiúscula), e ano da publicação, separados por vírgula, somando-se o número da página, no caso de uma citação direta, separado também por virgula e com a letra "p" (para uma página) ou "pp" (para mais de uma página), acompanhado de ponto.

Exemplo:
(Corrêa, 2018, p.135)   Corrêa (2018, p.135)
(Corrêa, 2018, pp.120-121)   Corrêa (2018, pp.120-121)

Nas citações diretas, ainda poderá recorrer de alguns recursos em determinadas situações:

a) Caso tenha que retirar um trecho do texto original ao longo da citação direta, deve-se utilizar 3 pontos espaçados ". . .", indicando que dali foi retirado um trecho do texto citado. Se este trecho for entre duas frases, será preciso inserir 4 pontos espaçados ". . . .", sendo o primeiro ponto indicativo do encerramento da primeira frase.

b) Caso tenha que inserir algum texto na citação, deve inseri-lo entre colchetes [ ].

c) Caso, durante uma citação, você queira destacar um termo específico, poderá grifa-lo em *itálico*, com indicação logo a seguir entre colchetes com o termo [grifo adicionado].

Dois ou três autores, APA

Nas obras com mais de um autor, utiliza-se vírgula para separar o nome dos autores, acrescentando o símbolo "&" depois da última vírgula, antes do último autor, seguindo as mesmas regras anteriores para os demais itens. Caso o nome dos autores esteja fora dos parênteses, utiliza-se a letra "e" entre os nomes.

Exemplo:
(Corrêa, Silva & Aguirre, 2018)
Corrêa, Silva e Aguirre, A. (2017)

Três a cinco autores, APA

Para referência de obras que tenham de três a cinco autores, na segunda vez que aparecerem no texto, poderá manter o nome do primeiro autor e substituir o nome dos outros autores por "et al". Caso a obra tenha seis ou mais autores, poderá substituir os nomes dos outros autores por "et al", mantendo apenas o primeiro autor.

Exemplo:

Autores	1ª Citação	2ª Citação
Três a cinco autores	(Corrêa, Aguirre, & Gomes, 2018) Corrêa, Aguirre e Gomes (2018)	(Corrêa et al., 2018) Corrêa et al. (2018)
Seis ou mais autores	Silva et al. (2018) (Silva et al., 2018)	Silva et al. (2018) (Silva et al., 2018)

Autor Instituição, APA

Quando o autor for uma instituição, deve colocar o nome da instituição no lugar do sobrenome do autor, acompanhado da sigla da instituição entre aspas ou colchetes, na primeira citação (ver exemplo anterior), utilizando apenas a sigla na segunda vez que a citação é introduzida.

Exemplo:

Autores	1ª Citação	2ª Citação
Instituição	Instituto Histórico do Brasil IHB (2018) (Instituto Histórico do Brasil [IHB], 2018)	IHB (2018) (IHB, 2018)

Mesmo autor e ano, APA

Para autores com mais de uma obra no mesmo ano, deve-se acrescentar as letras do alfabeto após o ano de publicação, utilizando a mesma letra nas referências bibliográficas de forma a poder localizar a obra referenciada.

Exemplo:

Mesmo autor e mesmo Ano	
(Corrêa, 2018a)	(Corrêa, 2018b)
Bibliografia	
Corrêa, L. N., (2018a). *Título do livro*. Local: Editora. Corrêa, L. N., (2018b). *Título do livro*. Local: Editora.	

Autores com mesmo nome, APA

Para autores diferentes com o mesmo sobrenome, deve colocar as iniciais do nome para diferenciá-los, caso essas também sejam iguais, deverá inserir o nome por extenso na citação e, entre colchetes, nas referências.

Exemplos:

Obras com mesmo sobrenome de autor e ano	
(Corrêa, L. N., 2018)	(Corrêa, B. C., 2017)
Bibliografia	
Corrêa, L. N., (2018). *Título do livro*. Local: Editora. Corrêa, B. C., (2017). *Título do livro*. Local: Editora.	
Autores com mesmas iniciais de nome	
(Luiz Nilton Corrêa, 2018)	(Laura Natalia Corrêa, 2018)
Bibliografia	
Corrêa, L. N. [Nilton]., (2018). *Título do livro*. Local: Editora. Correa, L. N. [Natália]., (2018). *Título do livro*. Local: Editora.	

Citação de Citação, APA

No caso da citação de uma citação realizada pelo autor consultado, é preciso referenciar as duas obras na citação, seguindo as mesmas regras, da citação normal, e acrescentando o texto "conforme citado em", entre a citação original e a citação secundária, entre parênteses.

Exemplo:
(Aguirre, 2010 como citado em Corrêa, 2017, p.38).

6.9 REFERÊNCIAS BIBLIOGRÁFICAS: APA

De acordo com o Manual da Associação Americana de Psicologia (APA), a Bibliografia, ou Referências Bibliográficas, devem ser apresentadas ao final do trabalho e em ordem alfabética (primeira letra que aparece na referência), seguindo o sistema Autor-Data, com o sobrenome do autor escrito apenas com a primeira letra em maiúscula.

A formatação pede ainda espaçamento duplo, e um deslocamento de 0,75cm (meia polegada) na segunda linha, e possibilita ainda a utilização das seguintes abreviaturas:

Termo	Abreviatura
Capítulo	Cap.
Edição	ed.
Editor(es)	Ed. ou Eds.
Coordenador(es)	Coord. ou Coords.
Organizador(es)	Org. ou Orgs.
Sem data	s.d.
Página ou Páginas	p. ou pp.
Volume ou Volumes	Vol. ou Vols.
Número:	Nº.

Figura 37. Abreviaturas Referências APA.

Diferentes Tipos de Referências, APA

Bibliografia Básica, APA

A referência de uma obra publicada deve iniciar pelo sobrenome do autor com inicial maiúscula, seguido das iniciais do nome acompanhadas de ponto; o ano da publicação deve estar entre parênteses seguido de ponto, enquanto o título e o subtítulo (se houver) devem estar em itálico, seguidos de ponto e do local da publicação, seguido de dois pontos, finalizando com o nome da editora, acompanhada de ponto.

Observação: A mesma regra se aplica a dicionários, enciclopédias, manuais, livros on-line, esgotados, entre outros.

Sobrenome, N. N. (Ano). *Título da obra: Subtítulo* (se houver). Local: Editora.

Exemplo:
Espina Barrio, A. (2010). *Manual de antropologia cultural.* Recife: Massangana.

Obra com organizador ou editor, APA

No caso de obras com organizador ou editor, deverá inserir a abreviatura "Org." ou "Ed." entre parênteses, seguido de ponto, entre o nome do autor e o ano de publicação, seguindo a formatação de livro comum para o restante dos elementos.

Sobrenome, N. N. (Org.). (Ano). *Título da obra.* Local: Editora.

Sobrenome, N. N. (Ed.). (Ano). *Título da obra.* Local: Editora.

Exemplo:
ESPINA BARRIO, A. B., MARTINS, D. V., & CORRÊA, L. N. (Eds.). (2018). *Religión, tolerancia y educación intercultural en iberoamérica.* Fortaleza: HIGSC.

ESPINA BARRIO, A. B., Motta, A., & Lima, M. H. G. (Orgs.). (2010) *Inovação cultural, patrimônio e educação*. Recife: Massangana.

Autor instituição, APA

Quando o autor de uma obra for uma instituição, deverá inserir o nome completo da instituição no lugar do nome do autor, seguindo a formatação de livro comum para o restante dos elementos.

Nome Completo da Instituição. (Ano). *Título da obra*. Local: Editora.

Exemplo:
Centro de Pesquisa Pesquisada. (2018). *Pesquisando a pesquisa*. Rio de Janeiro: Ciência Editora.

Obra sem autor, APA

Para obras que não tenham autoria declarada, deverá deslocar o título completo da obra para o lugar do nome do autor (em itálico), seguido de ano da publicação entre parênteses, do local, finalizado com dois pontos e do nome da editora finalizado com ponto.

Observação: Essa mesma regra aplica-se a documentos legais (leis, artigos, outros), embora a própria APA recomende buscar estilos próprios para área jurídica.

Título da obra. (Ano). Local: Editora.

Exemplo:
Obras do autor desconhecido. (2018). São Paulo: Editorial Dolly.

Obra com dois autores, APA

Para dois autores utiliza-se do símbolo "&" para separá-los, seguindo a formatação de livro comum para o restante dos elementos.

Sobrenome, N. N., & Sobrenome, N. N. (Ano). *Título da obra* (No Ed.). Local: Editora.

Exemplo:
Baztán, A. A., Corrêa, L. N. (2017) *A pesquisa etnográfica* (2ª Ed.). Salamanca: Autor.

De três a sete autores, APA

No caso de obras que tenham de três a sete autores, deve inserir todos os nomes, separando-os com vírgula, e utilizando o símbolo "&" antes do último autor, seguindo a formatação de livro comum para o restante dos elementos.

Sobrenome, N. N., Sobrenome, N. N., & Sobrenome, N. N. (Ano). *Título da obra* (No Ed.). Local: Editora.

Exemplo:
Silva, A. B., Matos, C. D., Corrêa, E. F., & Barrio, G. (2018). *Trabalho de quatro autores.* Porto Alegre: Autores Editora.

Mais de sete autores, APA

Se houver mais de sete autores de uma obra, deve-se acrescentar três pontos após o sexto autor, inserindo o nome do último autor, seguido do restante dos elementos da formatação de uma bibliografia básica.

Sobrenome, N. N., Sobrenome, N. N., Sobrenome, N. N. Sobrenome, N., Sobrenome, N., Sobrenome, N. N., ... Sobrenome, N. N. (Ano). *Título da obra* (No Ed.). Local: Editora.

Exemplo:

Silva, A. B., Matos, C. D., Corrêa, E. F., Barrio, G. H., Costa,
I. J., Matos, L. M., ... Ferreira, N. O., (2018). *Trabalhos
de muitos autores.* Porto Alegre: Autores Editora.

Autor com mesmo nome e mesmas iniciais, APA

Quando houver dois ou mais autores diferentes com o
mesmo sobrenome, e mesmas iniciais, deve incluir o
primeiro nome do autor entre colchetes após as iniciais.

Sobrenome, N. [Nome]. (2015). *Título da obra: Subtítulo (se
houver).* Local: Editora.

Exemplo:

Corrêa, N. [Nilton]. (2018). *Um olhar científico sobre a
criatividade.* São Paulo: Normas Editora.

Corrêa, N. [Neusa]. (2018). *Técnicas para dissertação.* Rio
de Janeiro: Isos Editora.

Autor com mesmo nome e ano, APA

Quando houver dois ou mais autores diferentes com
mesmo nome e mesmo ano de publicação, deve utilizar as
letras do alfabeto, em ordem alfabética, para identificar
qual referência está relacionada à citação ao longo do texto.

Sobrenome, N. N. (ANOa). *Título da obra: Subtítulo (se
houver)* (Nº Ed.). Local: Editora.

Sobrenome, N. N. (ANOb). *Título da obra: Subtítulo (se
houver)* (Nº Ed.). Local: Editora.

Exemplo:

Corrêa, L. N. (2018a). *Normatização de obras acadêmicas.*
São Paulo: Normas Editora.

Corrêa, L. N. (2018b). *Princípios de pesquisa normativa.* Rio de Janeiro: Isos Editora.

Obra com autor anônimo, APA

Quando a autoria de uma obra for assinada como anônimo deve utilizar-se a palavra "anônimo" no lugar do sobrenome do autor.

Anônimo. (Ano). *Título da obra* (No Ed.). Local: Editora.

Exemplo:
Anônimo. (2018). *Identidades Secretas: Anonimato em publicações.* Lisboa: Editora Anonimus.

Obra cujo autor é editor, APA

Quando o autor do livro também é o editor (editora), deve seguir as regras de um livro comum, inserindo o termo "Autor" no lugar da editora.

Sobrenome, N. N. (Ano). Título da obra: Subtítulo. Local: Autor.

Exemplo:
Corrêa, L. N. (2018). *Editorações próprias: Como editar seu próprio livro.* São Paulo: Autor.

Obra com Doi, APA

Para livros que possuam DOI (Digital Object Identifier), deve seguir as regras de um livro comum, inserindo ao final da referência o termo "doi", finalizando com número DOI referente à obra, sem ponto final.

Sobrenome, N. N. (Ano). *Título da obra: Subtítulo.* Local: Editora. doi: 10.XXXXX

Exemplo:

Espina Barrio, A. (2010). *Manual de antropologia cultural: subtítulo.* Recife: Massangana. doi: 10.XXXXX

Obra em versão eletrônica, APA

Deve seguir as regras de uma bibliografia básica, inserindo ao final da referência o termo "recuperado de", finalizando com o *link* que dá acesso à obra, sem ponto final.

Sobrenome, N. N. (Ano). *Título da obra.* Local: Editora. Recuperado de www.website.com

Exemplo:

Espina Barrio, A. B. (Ed.). (2011). *Culturas y mestisajes iberotropicales.* Recife: Massangana. Recuperado de http://campus.usal.es/~iiacyl/MAI/images/publicac iones/LibroIberotropical.pdf

Obra não publicada ou em processo de publicação, APA

Segue as mesmas regras de uma bibliografia básica, inserindo o termo "na imprensa" no lugar da data, entre parênteses.

Sobrenome, N. N. (na imprensa). *Título da obra.* Local: Editora.

Exemplo:

Corrêa, L. N. (na imprensa). *Museus Corporativos: Identidade das organizações.* Amsterdam: Press Editora.

Teses e Dissertações impressas, APA

Deve seguir as regras de formatação de uma bibliografia básica, inserindo o tipo de trabalho (Dissertação de mestrado, Tese doutoral etc.) entre parênteses após o título da obra, seguido de ponto, nome da instituição, vírgula e local, finalizando com ponto.

Sobrenome, N. N. (Ano). *Título da obra: subtítulo* (Tipo de trabalho). Nome da Instituição, Local.

Exemplo:
Lenzi, G. P. (2018). Escritório do chapéu: *Auto-estima, identidade, sociabilidade e apoio social durante ou câncer de mama* (Tese doutoral). Universidade de Salamanca, Salamanca.

Teses e Dissertações on-line, APA

Deve seguir as mesmas regras de formatação de uma bibliografia básica, inserindo o tipo de trabalho (Dissertação de mestrado, Tese doutoral etc.) e a instituição em causa entre parênteses, separados por vírgula, após o título da obra. Inserindo a seguir o termo "Recuperado de" seguido do endereço on-line.

Sobrenome, N. N. (Ano). *Título da obra: subtítulo* (Tipo de trabalho, Instituição). Recuperado de http://www.website.com

Exemplo:

Barcellos, A. A. B. (2017). *Análise jurídico-antropológica das relações coletivas de trabalho no Brasil* (Tese doutoral, Universidade de Salamanca). Recuperado de https://gredos.usal.es/jspui/handle/10366/135723

Número do volume, edição e página(s), APA

O **número do volume** (se houver) deve ser inserido logo após o título, em itálico (sem a abreviatura Vol.).

O **número da edição** (se houver) deve ser inserido entre parênteses logo após o número do volume, com a abreviatura "ed.". Caso não tenha volume, deve colocá-lo após o título.

O **número da(s) página(s)** (se houver) deve ser inserido logo após o número da edição. Se for um intervalo de páginas, deve ser separado por hífen. Caso não tenha número de edição, deve ser colocado após o número de volume, se o mesmo não existir, deve colocá-los após o título, conforme modelo.

Sobrenome, N. N. (Ano). *Título da obra Volume* (edição) páginas. Local: Editora.

Exemplo:
Silva, L., Schwartz, J. H., & Pereira, U. F. (2015). *Iniciação ao estudo acadêmico 2* (14ª ed.) 58-59. São Paulo: Editora Álamo.

Obra sem data de publicação, APA

Para obra sem data de publicação, deverá utilizar a abreviatura "s.d.", caso não haja data disponível, conforme modelo.

Sobrenome, N. N. (s.d) *Título da obra*. Local: Editora.

Exemplo:
Silva, H. J. (s.d) Sem anos de edição. Lisboa: Years Editores.

Data de publicação: periódicos, APA

Para periódicos, deve inserir a data de publicação entre parênteses logo após o nome do autor, começando pelo ano seguido de virgula, do mês e do dia da publicação (se houver), conforme modelo.

Sobrenome, N. N. (Ano, mês dia). Título do artigo. *Nome da Revista.*

Exemplo:
Silva, H. P. (2018, junho 15). Alhos e bugalhos. *Revista Assiduidade 1*(16) 34-51.

Artigos aceitos para publicação, APA

Para artigos aceitos para publicação, deve utilizar o termo "na imprensa", entre parênteses, caso o artigo ainda não tenha sido publicado, conforme modelo.

Sobrenome, N. N. (na impressa). Título do artigo. *Nome da Revista.*

Exemplo:
Corrêa, L. N., (na imprensa). Museu corporativo e a identidade empresarial. *Revista de Antropologia Corporativa.*

Capítulo ou parte de uma obra, APA

Deve iniciar referenciando o capítulo ou a parte da obra, inserindo o termo "in" seguido da referência da obra inteira. Usa-se o formatado itálico apenas no título da obra inteira, conforme modelo.

Sobrenome, N. N. (Ano). Título do capítulo: Subtítulo (se houver). In N. Sobrenome (Eds.), *Título do livro* (páginas). Local: Editora.

Exemplo:
MAGALHÃES, J. R. (1995). Os cristãos-novos: da integração à segregação. In J. Matoso (Dir.), *História de Portugal 3.* (pp. 475-476). Rio de Mouro: Círculo de Leitores.

Artigo de revista, APA

Deve iniciar referenciando o artigo com sobrenome do autor, iniciais e data com ano e mês entre parênteses seguido do título do artigo e subtítulo (se houver) separados por dois pontos, seguido de ponto e do nome da revista (em itálico), seguido de virgula, do volume (em itálico), da edição (entre parênteses) e das páginas, separadas por hífen. finalizada com ponto, conforme modelo.

Sobrenome, N. N. (Ano, mês). Título do artigo: Subtítulo (se houver). *Nome da Revista, volume* (edição), Páginas.

Exemplo:

CORREA, L. N. (2018, março). Museus corporativos: A musealização como marco na cultura das organizações. *REA Revista Iberoamericana de Antropología 1*(5), 31-41.

Artigo on-line em periódica com DOI, APA

Deve seguir as regras utilizadas em artigo de revista, inserindo ao final da referência o termo "Doi" seguido do respectivo número Doi.

Sobrenome, N. N. (Ano). Título do artigo. *Nome da Revista, volume* (edição) Páginas. DOI: 10.XXXXXX

Exemplo:

Corrêa, L. N., (2018). Museus corporativos: a musealização como marco na cultura das organizações. *Revista Euroamericana de Antropología 1*(5), 31-41. DOI: http://dx.doi.org/10.14201/rea201853141

Artigo em Periódico semanal on-line, APA

Para artigos em periódico semanal on-line (jornal, revista, outros), deve seguir a formatação usada em artigos e periódicos, com o ano, seguido de vírgula, do mês e do dia da publicação (se houver), tudo entre parênteses, inserindo ao final da referência o termo "Recuperado de" seguido do endereço on-line do periódico, sem ponto final.

Sobrenome, N. N. (Ano, mês e dia). Título do artigo. *Nome da Revista*, Páginas. Recuperado de http://www.website.com

Exemplo:
Silva, H. P. (2018, junho 15). Turismo virtual. Revista Virtual Web 2(134) 13-16. Recuperado de http://www.vituralx.xxxxx

Congressos ou Simpósios, APA

Para referência de informações obtidas em eventos científicos (congresso, simpósios, conferências etc.), deve iniciar a referência pelo sobrenome do autor, seguido das iniciais com ponto, a data com ano e mês entre parênteses, o título da fala, seguido do termo "in" e a referência do evento, com nome do presidente seguido da abreviatura da função entre parênteses, título do evento (em itálico), instituição responsável e local onde foi realizado, conforme modelo.

Sobrenome, N. N. (Ano, Mês). Título da contribuição. In Presidente do evento, *Título do evento* Instituição Responsável, Local.

Exemplo:
Silva, H. P. (2018, junho). Inovação e tecnologia no campo. In José Pinto Monteiro (Org.), *Congresso Internacional Agrícola.* Instituto Agrícola de Marte, São Paulo.

Paper ou Pôster, APA

Para referenciar um *paper* ou pôster, deve iniciar com o sobrenome do apresentador, seguido das iniciais do(s) nome(s), o ano e o mês, separados por vírgula e entre parênteses, seguido de ponto. Título do *paper* ou do pôster deve ser em itálico, seguido de ponto. Depois deve inserir o nome da sessão ou evento, seguido de vírgula e o local, finalizando com ponto, conforme modelo.

Apresentador, N. N. (Ano, mês). *Título do pôster.* Nome da sessão e evento, local.

Exemplo:
Silva, H. P. (2018, junho). *Gravidez sem risco.* Simpósio Internacional: Gravidez sem risco, Rio de Janeiro.

Imagem e imagem em movimento, APA

A referência para imagens e imagem em movimento (Filme, Fotografia, Mapa, desenho etc.) deve iniciar com os nomes do produtor e do diretor, seguidos da indicação da função (entre parênteses). O ano deve ser inserido logo a seguir, entre parênteses, seguido de ponto. Depois, deve inserir o título em itálico, seguido da indicação do produto (DVD, Filme, Fotografia, Mapa etc.), entre colchetes, e ponto, com o local seguido de dois pontos, finalizando com o nome do estúdio, seguido de ponto, conforme modelo.

Sobrenome, N. N. (Produtor), & Sobrenome, N. (Diretor). (Ano). *Título do filme* [Suporte]. Cidade: Estúdio.

Exemplo:
Silva, H. P. (Produtor), & Mattos, J. P. (Diretor). (2018). A formiga carregadeira [DVD]. São Paulo: ABCDEstúdio.

Fórum On-line: Blog, E-mail ou Postagem, APA

Esse modelo serve para mensagem em lista de e-mail, postagem em *blog*, em fórum, em vídeo *blog* (*youtube*, *vimeo* etc.), e deve iniciar como nome do autor, data com ano separado por vírgula do mês e dia (entre aspas) e o título do material a ser referenciado, seguido da descrição entre colchetes, e do endereço eletrônico, precedido do termo "Recuperado de", sem ponto final, conforme modelo.

Autor, N. N. (Ano, Mês dia). Título da postagem [descrição]. Recuperado de http://www.nomedoforum...

Exemplo:

Corrêa, L. N. (2018, Junho 12). Re: Conhecimentos sobre metodologia científica [Comentário no fórum on-line]. Recuperado de www.facebook.com/abcde/...

Gravação Sonora, APA

Para referência de música ou outra gravação sonora, deve iniciar pelo sobrenome do compositor, seguido das iniciais do nome acompanhadas de ponto, o ano de produção entre parênteses, seguido de ponto. O título da música com informações sobre a gravação ou uso da música entre colchetes, seguido de ponto e do termo "Em", seguido do título do álbum, em itálico, e com observação do suporte entre colchetes, seguido do local com dois pontos, e da editora, com ponto final.

Poderá ainda colocar a data da gravação ao final, se a mesma for diferente da data de composição da música, conforme modelo.

Compositor, N. (Ano). Título da música [Gravado por N. N. Artista (se diferente do compositor)]. Em Título do álbum [suporte] Local: Editora. (data da gravação se for diferente da data da música)

Exemplo:

Sergio, B. N. (2017). Tecnotron [Remixado pelo DJ
Hendrix]. Em Tecnopan [DVD] Barcelona: Nox
Produções. 2018.

REFERÊNCIAS BIBLIOGRÁFICAS

AMERICAN PSYCHOLOGICAL ASSOCIATION. **Publication Manual of the American Psychological Association.** 6th ed. Washington, DC: American Psychological Association, 2010.

APOLINAIRE, F. **Dicionário de Metodologia Científica**: Um guia para produção de conhecimento científico. São Paulo: Editora Atlas, 2011.

ASSOCIAÇÃO BRASILEIRA DE NORMAS TÉCNICAS. **NBR 6022**: artigo em publicação periódica científica impressa: apresentação. Rio de Janeiro, 2018.

ASSOCIAÇÃO BRASILEIRA DE NORMAS TÉCNICAS. **NBR 6023**: informação e documentação - referência: elaboração. Rio de Janeiro, 2020.

ASSOCIAÇÃO BRASILEIRA DE NORMAS TÉCNICAS. **NBR 6024**: informação e documentação: sumário: apresentação. Rio de Janeiro, 2003.

ASSOCIAÇÃO BRASILEIRA DE NORMAS TÉCNICAS. **NBR 6025**: informação e documentação: revisão de originais: apresentação. Rio de Janeiro, 2002.

ASSOCIAÇÃO BRASILEIRA DE NORMAS TÉCNICAS. **NBR 6027**: informação e documentação: numeração progressiva das seções de documentos escritos: apresentação. Rio de Janeiro, 2003.

ASSOCIAÇÃO BRASILEIRA DE NORMAS TÉCNICAS. **NBR 6028**: informação e documentação: resumo, resenha e recensão: apresentação. Rio de Janeiro, 2021.

ASSOCIAÇÃO BRASILEIRA DE NORMAS TÉCNICAS. **NBR 6029**: informação e documentação: livros e folhetos: apresentação. Rio de Janeiro, 2006.

ASSOCIAÇÃO BRASILEIRA DE NORMAS TÉCNICAS. **NBR 6032**: abreviação de títulos de periódicos e publicações seriadas. Rio de Janeiro, 1989.

ASSOCIAÇÃO BRASILEIRA DE NORMAS TÉCNICAS. **NBR 6034**: informação e documentação: índice: apresentação. Rio de Janeiro, 2004.

ASSOCIAÇÃO BRASILEIRA DE NORMAS TÉCNICAS. **NBR 10520**: informação e documentação: citações em documentos: apresentação. Rio de Janeiro, 2002.

ASSOCIAÇÃO BRASILEIRA DE NORMAS TÉCNICAS. **NBR 10719**: apresentação de relatórios técnico-científicos. Rio de Janeiro, 2015.

ASSOCIAÇÃO BRASILEIRA DE NORMAS TÉCNICAS. **NBR 12225**: informação e documentação: lombada: apresentação. Rio de Janeiro, 2004.

ASSOCIAÇÃO BRASILEIRA DE NORMAS TÉCNICAS. **NBR 14724**: informação e documentação: trabalhos acadêmicos: apresentação. Rio de Janeiro, 2011.

ASSOCIAÇÃO BRASILEIRA DE NORMAS TÉCNICAS. **NBR 15287**: informação e documentação: projeto de pesquisa: apresentação. Rio de Janeiro, 2011.

ASSOCIAÇÃO BRASILEIRA DE NORMAS TÉCNICAS. **NBR 15437**: informação e documentação: pôsteres técnicos e científicos: apresentação. Rio de Janeiro, 2006.

BRASIL. Lei n. 9.620, de 19 de fevereiro de 1998. **Diário Oficial da União**. Poder Executivo, Brasília, DF, 20 fev. 1998. Seção 1. P.3.

ECO, U. **Como se Faz uma Tese**, São Paulo: Perspectiva, 2008.

ESPINA BARRIO, A. B. **Manual de Antropologia Cultural**. Recife: Editora Massangana, 2005.

GIBALDI, Joseph. **MLA Handbook for Writers of Research Papers.** 7ª Ed. New York: Modern Languages Association of America, 2009.

INSTITUTO BRASILEIRO DE GEOGRAFIA E ESTATÍSTICAS. **Normas de apresentação tabular.** 3. ed. Rio de Janeiro, 1993

INSTITUTO PORTUGUÊS DE QUALIDADE. **NP 405-1:** Informação e Documentação - Referências bibliográficas : documentos impressos. Monte de Caparica: Instituto Português da Qualidade, 1994.

INSTITUTO PORTUGUÊS DE QUALIDADE. **NP 405-2.** Informação e Documentação – Referências bibliográficas: parte 2: materiais não livro. Monte de Caparica: Instituto Português da Qualidade, 1998.

INSTITUTO PORTUGUÊS DE QUALIDADE. **NP 405-3.** Informação e Documentação – Referências bibliográficas: parte 3: documentos não publicados. Monte de Caparica: Instituto Português da Qualidade, 2000.

INSTITUTO PORTUGUÊS DE QUALIDADE. **NP 405-3.** Informação e Documentação – Referências bibliográficas:

parte 4: documentos electrónicos. Monte de Caparica: Instituto Português da Qualidade, 2002.

INTERNATIONAL ORGANIZATION FOR STANDARDIZATION. **ISO 690**: information and documentation: guidelines for bibliographic references and citations to information resurces. 3ª ed. Geneva, 2010.

KOCHE, J. C. **Fundamentos da Metodologia Científica:** Teoria da Ciência e Iniciação a Pesquisa. Rio de Janeiro: Editora Vozes, 2011.

The Chicago Manual of Style, 17th Edition. Chicago: University of Chicago Press, 2017.
VIEGAS, W. **Fundamentos Lógicos da Metodologia Científica**. Brasília: Editora UNB, 2007.

www.ingramcontent.com/pod-product-compliance
Lightning Source LLC
Chambersburg PA
CBHW051309250726
48656CB00004B/1559